バーベキュー炉・囲炉裏・薪ストーブの作り方

HOW TO MAKE A FIRE PLACE

だれでも簡単にできる!
火を囲んで楽しむ!
おいしい! 週末DIY! 完全マニュアル

DIY SERIES
ドゥーパ! 特別編集

ONE PUBLISHING

Contents

掲載されている資材の価格などのデータは、すべて取材時のもので、変更される場合があります。※本誌をもとに製作される場合は、安全に十分留意の上、個人の責任で行なってください。

Part 3

薪ストーブを楽しもう

Wood Stove

一庭一台、手作りバーベキュー炉（あるいは、囲炉裏、薪ストーブ）のススメ

さぁ火を囲もう。
肉を焼こう。
何でもかんでも、
とにかく焼こう。
自分で作った炉だから、
火遊びが楽しいから、
みんなが
食い意地丸出しだから、
旨さ倍増で、
ゴキゲンさん！

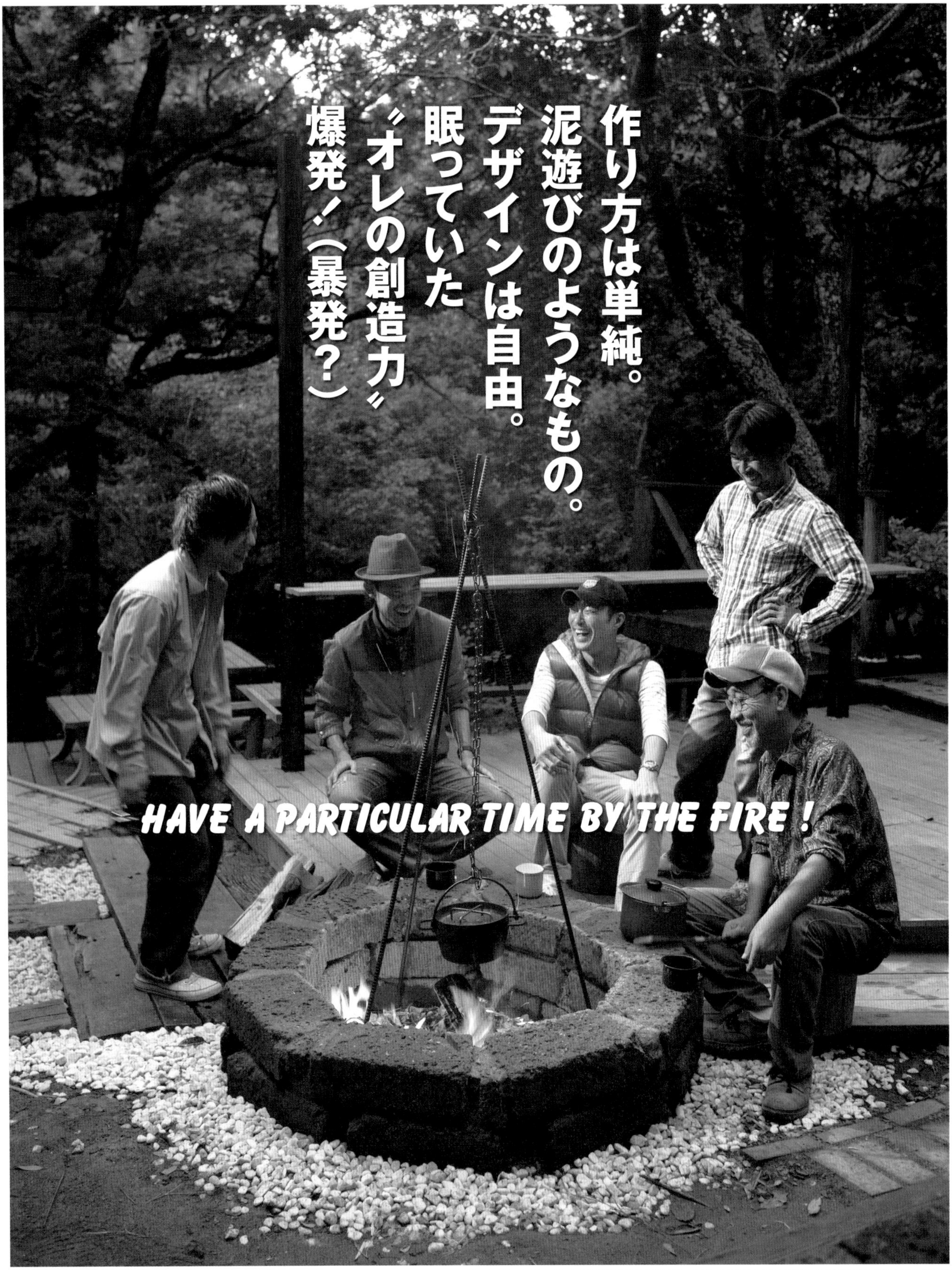

作り方は単純。
泥遊びのようなもの。
デザインは自由。
眠っていた
〝オレの創造力〟
爆発！（暴発？）

HAVE A PARTICULAR TIME BY THE FIRE !

でもって、
家ん中は中で、
手作り囲炉裏で
ゴキゲンさん！

炎ゆらめく薪ストーブも捨てがたい。
威力抜群の暖房器具。
野性味溢れる調理器具。

きっと誰もが
心と身体を満たす
火のある時間、
火のある空間。
そのカタチはいろいろ。
作り方もいろいろ。
とことん楽しみたいなら、
DIYでいってみよう！

HAVE A PARTICULAR TIME
BY THE FIRE !

PART 1
バーベキュー炉を作ろう

BBQ

休日は外がいい。
思い切り伸びをして
深呼吸して
みんなが集まって
食べ、飲み、はしゃぎ
1日を過ごす。
だから、バーベキュー炉は
絶対、欲しい!

製作者	木村博明(木村グリーンガーデナー)
DIY歴	―
製作費用	―
製作期間	約2日
主な材料	アンティークレンガ、2×4材、1×4材、塗料、セメント・砂、テラコッタタイル、塩ビパイプ、各種金具、その他

千葉県●モデルガーデン

レンガのキッチンでバーベキューパーティー

写真◎伊勢和人、ドゥーパ!編集部

ガーデンキッチンとして機能する本格派

敷地に余裕があれば、バーベキューの新しい主役として取り入れてみたいガーデンキッチン。こちらのモデルガーデンで提案しているのは、大型のバーベキュー炉と広い調理台や収納庫が一体化した本格的な作品だ。しかし、構造はシンプルで、レンガ積みの基本ワークをこなせばそれほど難しくない。

使われたのは明るい色で味のある風合いのアンティークレンガ。シンク、収納庫、バーベキュー炉の3スペースをレンガ積みで確保し、扉や調理台を木工で製作する流れだ(シンクを省略して2スペースでも十分)。バーベキュー炉は途中の段を飛び出させて網受けを作り、上段の網をバーベキュースペース、下段の網を火床として使う単純な構造。底はテラコッタタイルを敷いて炭の掃除を簡単に。また調理台やチョイ置きスペースを木製にすることで、食器や食材にやさしく、見た目にもメリハリのあるキッチンに仕上がっている。

シンクの構造は、くり抜いた天板に、なんと調理用具のステンレスボウルをはめ込んだユニークなデザイン。給排水の接続にはプロの施工が必要だが、ダミーの蛇口を飾るだけでも楽しい。

ガーデンキッチン&バーベキュー炉の構造

8段のレンガ積みで炉も本体も完成

バーベキュー炉は基本的に、コの字型に並べたレンガを積み上げるだけ。網がかかる部分の段ではレンガを出っ張らせて受けを作る。高さを合わせるのは盛るモルタルの量を一定にするのがコツ。モルタルは、まず空練り(水を加えず全体をよく混ぜる)してから水を加えて耳たぶほどの固さを目指す。(モルタルの作り方は22ページ参照)

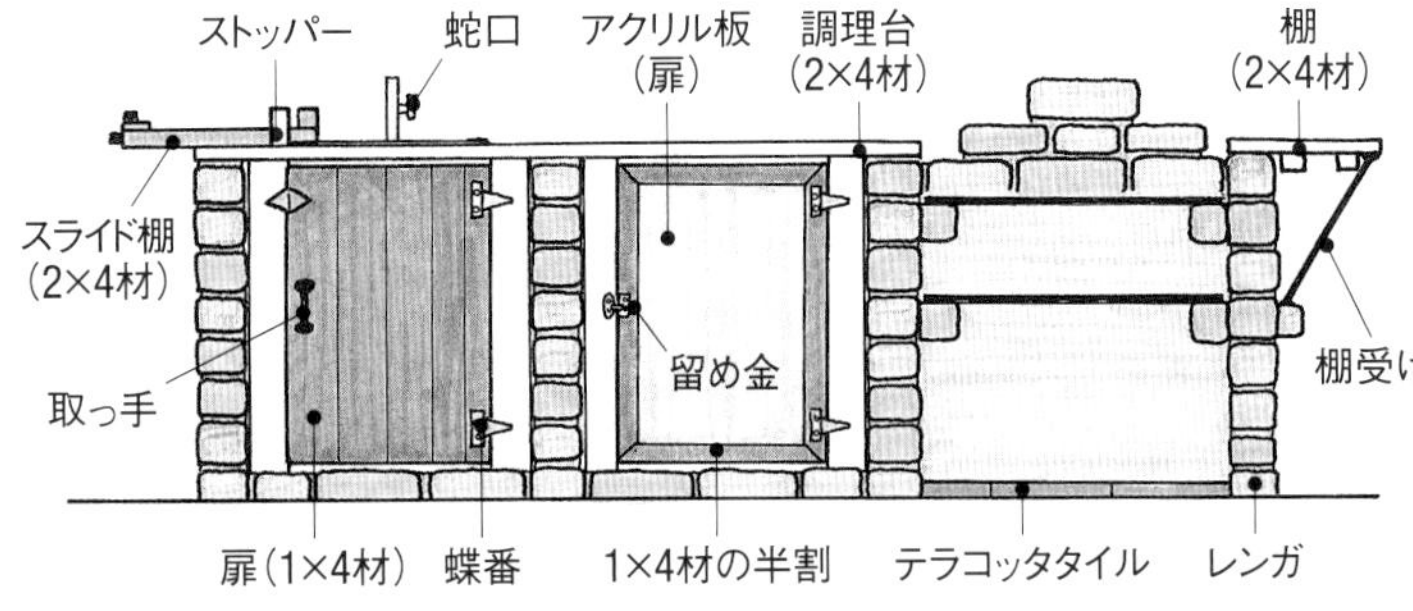

扉を開けた状態。シンクの下の様子がわかる。棚板はレンガに直接L字金具を打ち付けた受けに載せている

シンクの下の扉。取っ手は樹脂製のカントリータイプを使用

収納庫のドアは半透明のアクリルを使用

調理台。広いほうが使い勝手がいい

ガーデンパーティーをもっと便利に、もっと楽しく盛り上げてくれる頼もしい味方、バーベキュー炉&キッチン。レンガの風合いは緑にも映える

手作りバーベキュー炉ウオッチング

**レンガを使ったバーベキュー炉はガーデンの新しいアクセントになる。

使いやすさはもちろんのこと、わが家流にデザインにもこだわりたい。

ピザ窯やシンクなど、プラスアルファのアイテムを考えるのも手作りならではの楽しみだ!**

あえて真ん中に置きたいスクエア型

オーソドックスなコの字型のレンガ積みで手作り。みんなで囲みやすい真四角のコンパクトスタイルだから、あえてガーデンの真ん中に設置しても面白そう

+ピザ窯

肉を焼きながらピザも!

耐火レンガと耐火モルタルのしっかりしたバーベキュー炉。同時にピザ窯も併設し、アーチ型の窯のフォルムが庭のアクセントになっている。下段から3段までをコンクリートブロックにすることで、手間もコストも上手にカットした

+スモーカー
+コンロ

デザインだけじゃない、なんと3WAY!

Rのついた美しいラインは、もともと扇形の断面をもつレンガを使ったから。精錬所で不要になった耐火レンガを活用した。左側がバーベキュー炉、その下には燻製ができるスモーカー、右側はダッチオーブン用のコンロという3役こなせる多機能炉

燻製室では電熱器で燻製用チップを熱してソーセージ作りも楽しめる

バーベキュー炉の右側ではダッチオーブン料理が楽しめる

+レンガウォール
+水栓

バーベキューに便利な水栓つき

レンガ積みのバーベキュー炉に、緩やかなカーブのガーデンウォールと水栓をプラスした。炉の下には2×材で作った収納庫を備え、バーベキューパーティーがぐっと便利に。表情豊かなアンティークレンガも印象的

プランター台を兼ねたゆったりサイズ

両サイドや立ち上がりの壁面を厚くとった大型のバーベキュー炉。火床の周囲にスペースがあって使いやすい。普段は花台としてたくさんのプランターが置けるようにと考えられた設計だ

カフェスタイルが似合うベルギーレンガ製

明るい色合いのベルギーレンガを使った味わいのあるバーベキュー炉。やや低めの設計で、カフェスタイルのテーブルセットがよく似合う軽やかさ。ベンチを兼ねた収納庫も備えて利便性もばっちり

+シンク

乱張り石を使ったガーデンシンクも備える。どちら側からも使いやすい蛇口位置がポイント

大勢集まっても安心のワイド型バーベキュー炉

大きな焼き網で一度にたくさん焼ける大型バーベキュー炉。本体はコンクリートブロックだが、塗り壁材を塗った仕上げで高級感を出した。上段が焼き網、下段が炭置き網になり、下段の網は枠に溶接してある

裏側にはなんとペット用の洗い場が。側面も無駄なく使って収納庫に

広々ワークトップのガーデンキッチン

レンガのバーベキュー炉に、やさしい手触りの木製ワークトップがついたガーデンキッチン。おしゃれなシンクが中央につき、ふたりで立っても余裕がある。下段の収納庫も便利

ちょっと低めで使いやすい人気者

先にコンクリートブロックをコの字型に並べて積み、それを包むようにレンガを積んでできあがったのがこの形。家族みんなで囲めるファミリーサイズ。焼き網も炭置き網も、レンガの簡単な受けに載せるだけの簡単構造だ

白が映えるハイセンスなバーベキュー炉

炉の幅は50㎝とやや広めで、奥行きにもゆとりがあって使いやすい大型サイズ。木製のワークトップや白い扉が明るさを添える作品。隣に作られたステンレスシンクはなんと市販のサラダボウル

収納庫とバーベキュー炉が合体

両サイドに炉と同サイズの木製収納庫をつけて、ワークトップは調理台に。レンガとウッドの気品あふれる好対照はぜひ取り入れたいバランス。ウッドデッキにもよく似合いそう

5分でできちゃう “積むだけ”バーベキュー炉

適当な高さに、コの字型にレンガを積む。途中で焼き網を挟む

ものの5分で完成

こんなふうに野外調理が楽しめる。終わったら簡単に解体も可能

PART 1
バーベキュー炉を作ろう
BBQ

手作りバーベキュー炉ウオッチング

+スモーカー

おいしい燻製もできるスモーカー付き

すっきりしたオーストラリアレンガを使ってコンパクトに仕上げたバーベキュー炉&スモーカー。バーベキューの焼き網はレンガの目地に差し込む構造にして、無駄なくまとめあげている

便利にちょい置き。サイドテーブル付き

レンガをシンプルに積んだだけの簡単バーベキュー炉。内部に網の受け部分を作るために途中でレンガをずらして受けを載せている。便利なサイドテーブルがポイント

テーブル編

イタリアンタイルと石板の異素材ミックス

大人6人がゆったり囲めるバーベキューテーブル。テーブル天板にはイタリアンタイルを、ベンチには石板を使って重厚感あふれる仕上がりに。レンガとの相性もばっちり

張るタイプのブリックでポップに

リーズナブルなコンクリートブロックに、花壇用のブリックを張った明るいデザイン。炉が左右2カ所あり、七輪をセットできる工夫が光る。全体がコンパネ1枚にぴったりのサイズで、使わないときはコンパネがそのままフタに

切り株をくり抜いた
ジャパニーズ・ワイルド

レンガではないが、スギの根元を丸太のまま使い、中央をくり抜いて炉を作ったワイルドなテーブル。炉にはセラミックマットと鉄板が入っている。天板と脚部はホゾ組みでしっかり支えてあり、仕上げはワニスの2度塗り

10人で ゆったり座れる 大型バーベキューテーブル

オーストラリアレンガを使って思い切り広く作ったバーベキューテーブルは、幅が2m以上あり大人が10人で囲んでもゆったり。炉も横長で、みんなで焼ける使いやすさ。テーブル土台は張りレンガで化粧

タイルの あしらいが光る デザインテーブル

レンガを積み上げた本体に、タイルとレンガの組み合わせで天板を設置。テーブル部分が張り出しているので座りながら囲める使いやすさがポイント。タイルの配置に変化があって個性的な仕上がりに

やわらかなフォルムの アンティークレンガ作り

丸みのあるアンティークレンガを使った大型バーベキューテーブル。炉を中央に設置してみんなで火を囲めるのが特長。大小2カ所の炉を使い分けて幅広く楽しめる。下に収納庫付き

バラせる天板がポイントの アイデアテーブル

大勢で囲める広いバーベキューテーブルは、天板を4枚にバラしてコンパクトにしまえるアイデア作品。脚部分も中央を蝶番でつなぎ、折りたたみ式に。天板はサクラ、脚はクリ

実践マニュアル ①

ワイルドな野外料理を楽しむ！レンガ積みのバーベキュー炉を作る

レンガを一定の高さまで水平に「積む」技術と、簡単な木工の技術の両方が必要になるレンガワークのおすすめターゲット。作って楽しい・使っておいしいバーベキュー炉は、家族みんなが大満足！

施工◎木村グリーンガーデナー、ドゥーパ!編集部
写真◎佐藤弘樹、伊勢和人

用意した道工具
インパクトドライバー、丸ノコ、振動ドリル、ディスクグラインダー（ダイヤモンドホイール装着）、電動かくはん機、シャベル、練りグワ、トロフネ、タンパー、コテ板（手作り）、各種コテ（ブロックゴテ／レンガゴテ／目地ゴテ／木ゴテ）、左官バケツ、大型スポンジ、ブラシ、水平器、メジャー、サシガネ、角度切り定規、タガネ、ゴムハンマー、石エハンマー、左官ひしゃく、目地バッグ、など

用意した資材	サイズ	数量
アンティーク耐火レンガ	110×220×50㎜	114本
セメント		適宜
川砂		適宜
砂利		適宜
2×4材	38×89×620㎜	3本
垂木	450×40×30㎜厚	2本
椎の木	520×60×30㎜厚	4本
杉板	435×120×10㎜厚	2本
テラコッタタイル	300×300×20㎜	4枚
ケイカル板	500×620×3.5㎜厚	1枚
コンクリート接着剤（ナルシルバー）		1本

道具がこれだけそろうと作業がスムーズ

耐火レンガをひたすら積み上げていこう

　レンガ積みの作業と簡単な木工作業を組み合わせて、おしゃれなバーベキュー炉を作る。メインの材料となるのは、サイズ約１１０×２２０×50㎜のアンティーク耐火レンガ。完成した作品の本体サイズは、幅約８６０×奥行約６１５×高さ約１３００㎜。焼き網を載せる部分であるバーベキュー炉内寸は、幅６２０×奥行５００㎜と設定した。

積み上げられたアンティーク耐火レンガ

　作業の80%はレンガを積んでいくこと。レンガ積みは積むたびにきちんと水平をとっておくことが大事。とはいえ、アンティーク耐火レンガ自体の形が不ぞろいなので、気をつけていてもズレが発生してしまうもの。あまり神経質にならず、レンガ積みを楽しむくらいがちょうどいい。

　またコテは各種そろえて、レンガ積みの用途によって使い分けるようにしたい。少なくともブロックゴテと目地ゴテのふたつは用意しておくと便利だ。

　バーベキュー炉製作の後半戦は火床とキャビネット作り。ここでは椎の木を使用しているがＳＰＦで代用してもかまわない。キャビネットのドアは外枠を額縁のように丸ノコで切り欠く作業が必要。丸ノコを倒して事故にならないよう、くれぐれも注意したい。ここをクリアすればあとは簡単。男ふたり週末３～４回で、バーベキュー炉を完成させることができるはずだ。

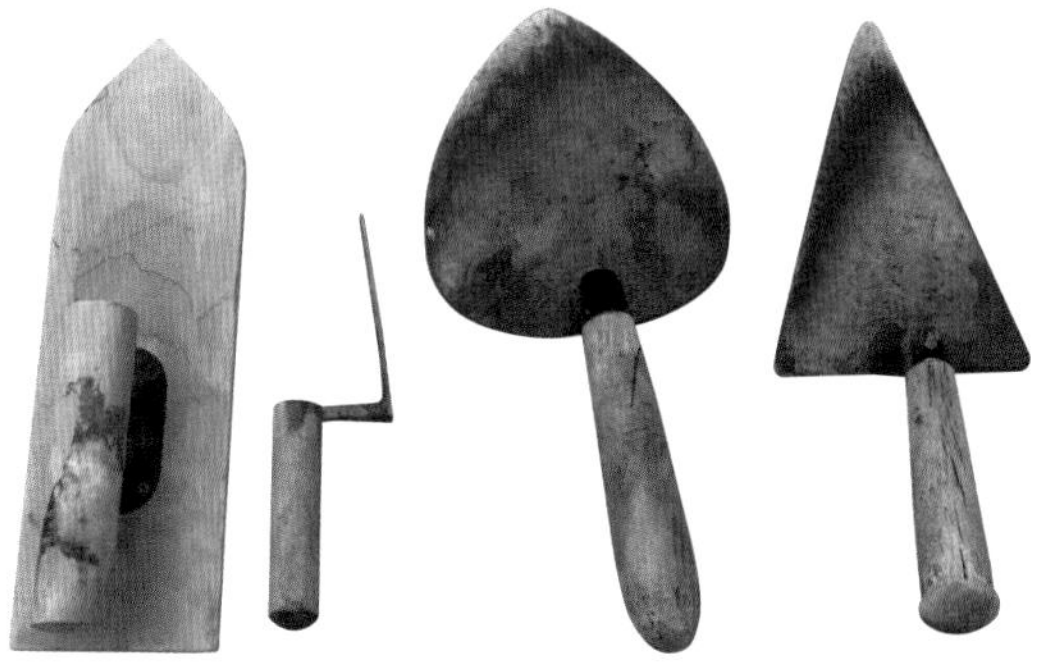

左から木ゴテ、目地ゴテ、レンガゴテ、ブロックゴテ

そろえておきたいコテの種類

　レンガワークを始めるにあたってそろえておきたいコテは次の4種類。まずはモルタルをすくってレンガの上に載せていくレンガゴテ。他のコテに比べコテ刃が幅広いので、目地を埋めるときモルタルを載せておくとコテ板代わりにも使える。次はブロックゴテ。モルタルを一定量ですくい取りやすいので、厚みがきれいにそろった目地を作るのに適しているレンガワークのメインとなるコテだ。目地ゴテは目地をならしたり削ったりする幅の狭いコテ。刃幅は6～12㎜が一般的。最後に木ゴテ。木ゴテは基礎部分に敷いたモルタルやコンクリートを広くさばき、まとめ、表面をきれいに均すのに使う。これら4種類を施工前にそろえておくと作業がスムーズに進むはずだ。

施工中、コテに付着したモルタルが固まってしまわないよう、使わないコテは水につけておこう

STEP 01

地面を掘って基礎を作る

施工場所にまずレンガを仮置きしてイメージをつかもう。使用するバーベキュー網のサイズに合わせて内寸を決めればいい。ここでは約620㎜の間隔をとった

施工場所の地面に、深さ100㎜の穴をシャベルで掘る

掘った基礎穴に砕石を敷き詰め、タンパーで均す

砕石を均したら、きちんと地面の水平をとっておく

砕石の上にバサモル（下段囲み参照）を敷き、水平に均す。さあ次から、レンガ積みのスタートだ

基礎の構造

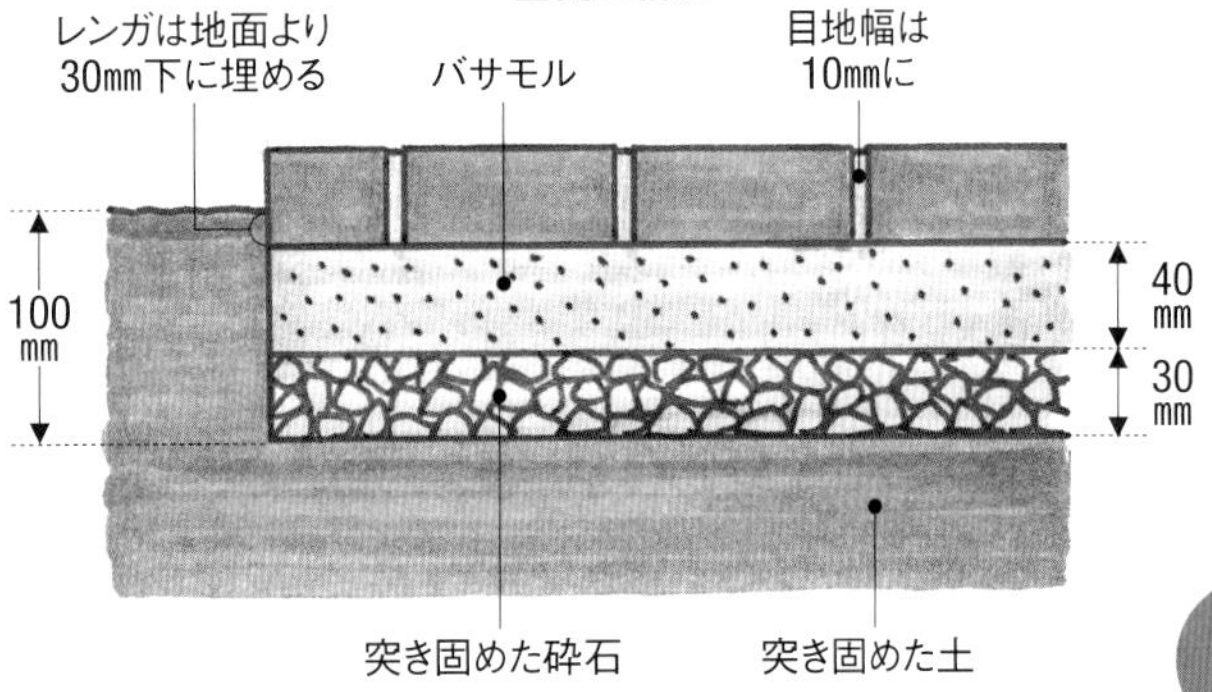

モルタルを作る手順

モルタルの作り方&配合比

　レンガを接着したり、固定したりするときに使うモルタルは、セメントと砂を配合し、適量の水を加え、混ぜたもの。セメントと砂の配合比は1:3。モルタルの状態だが、「耳たぶのやわらかさ」を目安に水を加えていくといいだろう。また加える水の量をわずかにし、バサバサの状態にしたものを「バサモル」という。今回、レンガ積みの基礎に敷いたのがバサモルだ。ちなみにセメント1:砂3:砂利6でコンクリートを作ることができる。

トロフネにセメント1:砂3を広げる

練りグワでセメントと砂をよく混ぜ合わせた後（これを空練りと呼ぶ）、水を少しずつ加えながら混ぜ、耳たぶ程度のやわらかさになればモルタルの完成

STEP 02

耐火レンガを水平・垂直に積んでいく

レンガの表面の汚れは施工前に平タガネで軽く削りとっておく

1段目のレンガをバサモルの上に敷いていく。レンガの敷き方は25ページのイラスト参照

並べたレンガの面の水平や、側面の平行などをしっかりチェックしながら敷いていく

半分のサイズのレンガが必要なため、ディスクグラインダーで加工する。(詳細は下段囲み参照)

レンガを並べたら、目地ゴテを使って目地(レンガとレンガのすき間)にモルタルを詰めていこう

1段目のレンガ敷きが完成。どんどん上に積み上げていこう

レンガカットの手順

レンガの加工方法

レンガ積みや敷きの現場では、レンガを半分にカットしたり、斜めにカットする場面が必ず出てくる。そんなとき役立つのがディスクグラインダーだ。ディスクグラインダーはさまざまな交換刃(ディスク)を装着することにより、レンガや石材、金属のカット、研磨を行なうことができる電動工具。レンガを加工する場合は、ダイヤモンドホイールという刃を装着して行なう。

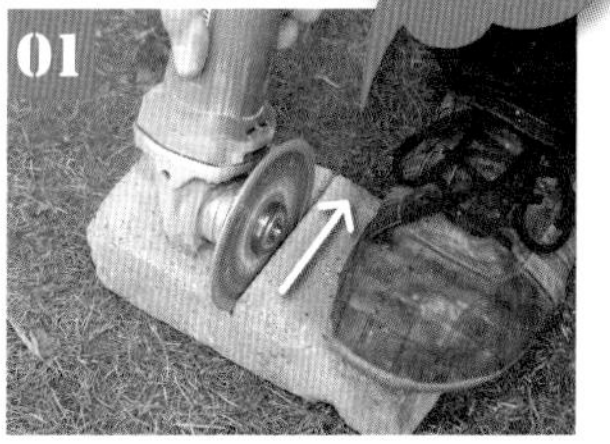

レンガの4面に墨線を引き、ダイヤモンドホイールを装着したディスクグラインダーで、墨線に沿って切り筋を入れていく。ディスクの出幅が足りないので完全にカットはできない。ディスクは向こう側から手前側に引くように動かしていくのが基本

4面に切り筋をつけたら、切り口に平タガネをあわせ石工ハンマーで叩くと…

このようにきれいにレンガを割ることができる。仕上げに切り口をディスクグラインダーできれいにならしておけば完璧!

STEP 03

2段目以降のレンガを積んでいく

こちらは2段目を並べた様子。耐久性を高めるため、1段目と目地の位置をずらして並べるので、この並びになる

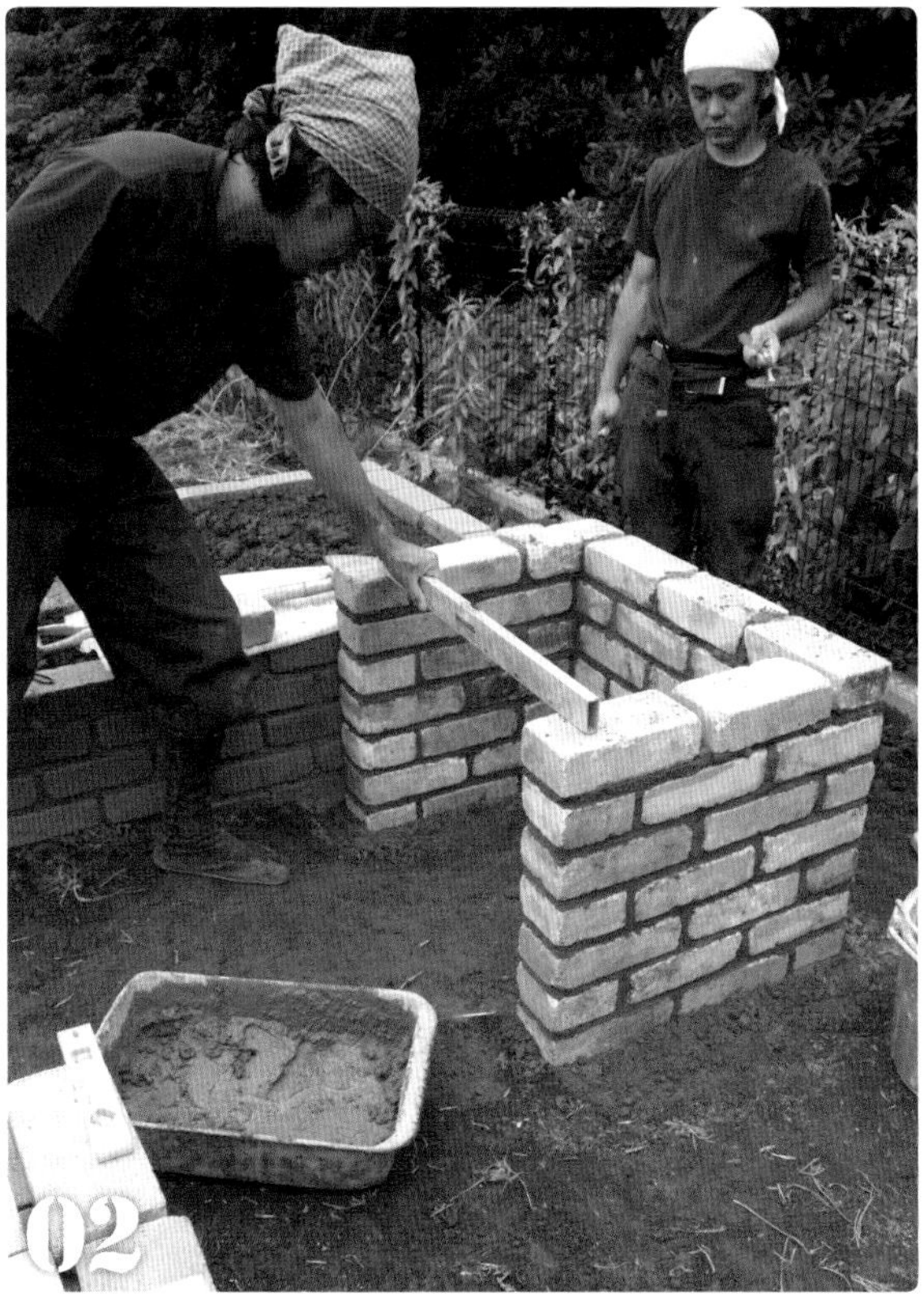

積み上げながらも、水平・垂直のチェックは忘れずに

傾きばかりでなく、サシガネを使ってコーナーの直角もチェックしておこう

8段目と11段目は焼き網を載せるため、レンガが内側に80mm、外側に30mm飛び出すよう横に並べた

8段目と11段目は並べ終わると、このような形になる。飛び出たレンガにバーベキュー網を載せるというわけ

暑い時期にはメトローズ

暑い季節にモルタルやコンクリートを作るとすぐに水分が蒸発し、作るそばからどんどん固まっていってしまうのが悩みの種。そんなときは、保水性がアップする「メトローズ」が便利。セメント25kgに対し、1/2袋混ぜるだけで、練ったセメントの急激な乾燥を防いでくれる。ホームセンターで手軽に入手できるぞ。

1袋45g入り

便利な電動かくはん機

レンガワークは重労働の連続! そのひとつがモルタル作り。重たい砂とセメントをかき回し、気がつくと「こっ、腰がっ!…」という悲惨なことになりかねない。そこで便利なのが電動かくはん機。先端にスクリュー形のプロペラがついた大きなミキサーのような電動工具で、モルタルをまんべんなく混ぜるのに最適だ。1本あれば作業時間と手間を大幅に短縮することができる。

大型ミキサーのような電動かくはん機

電気ドリルに取り付けるミキサーアタッチメントなら便利で、価格も安い

目地バッグの使い方

レンガとレンガの間の目地をきれいに仕上げると、より作品の完成度が高くなる。しかし、狭〜い間隔の目地をきれいに整えるのは、初心者にはなかなか難しい。そんなときには目地バッグを使って、目地を詰めるのがオススメ。少しやわらかめのモルタルをバッグに入れ、ケーキのクリームを押し出すようにすれば、狭い目地にもモルタルがきれいに入っていく。あとは仕上げに目地ゴテで表面を整えてやれば、きれいな目地ができる。

モルタルを詰める作業は、ケーキのデコレーションをしているようで意外と楽しい

「モルタル注入袋」などの名前で、ホームセンター等で販売されている

スポンジワークで仕上げが決まる

積んだレンガをきれいに仕上げ、作品の完成度を高めるのに忘れてはいけないのが、このスポンジワーク。レンガの積み上げ作業中に目地を整えたら、モルタルが固まらないうちに濡らしたスポンジで、レンガの表面についた汚れや余分なモルタルをふき取っておく。コツはスポンジをひんぱんに洗いながら、汚れを取ること。汚れたスポンジではいくらふいても逆効果なので注意しよう。

レンガについた汚れをスポンジでしっかりふき取ろう

人数がいるなら、レンガを積む人、目地を整える人と担当をわけるとスムーズに作業が進む

14段目まで積んだ様子。最後に15段目に2個、16段目に1個のレンガを載せれば、積み上げ終了。スポンジでレンガの汚れを落としたら(囲み参照)、モルタルをしっかり固めるためにこの状態で1日おいておこう

レンガの積み方

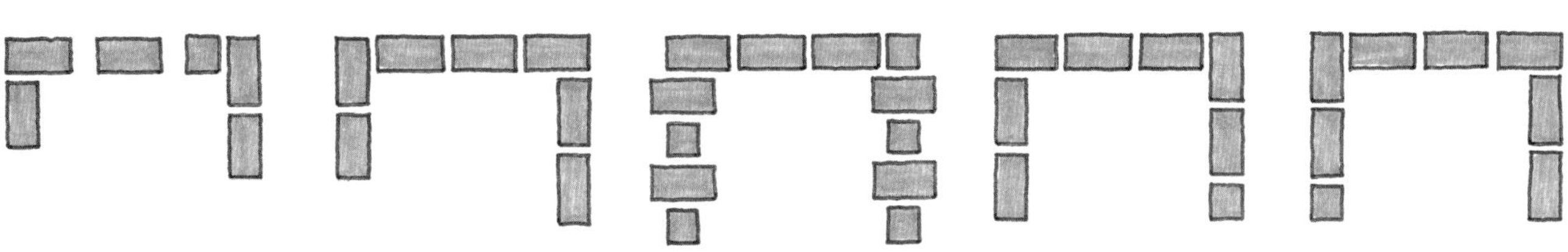

STEP 04

ケイカル板とテラコッタタイルで火床を作る

01

写真のように長さ450㎜にカットした垂木を、8段目の飛び出たレンガから、110㎜下げたところに取り付ける。この垂木が火床を支える腕部分になる

02

水はけをよくするため、手前が若干下がるよう斜めに取り付けた。材の接合は、4.3㎜径のコンクリートドリル用のビットを取り付けた振動ドリルで、垂木とレンガに下穴をあけてから、65㎜のコンクリートビスを打ち込んでいる。レンガの下穴の深さは約20㎜程度

03

斜めにした手前と奥側の両方で、接合した垂木の水平を測っておく

04

手順03の垂木の上に、長さ620㎜（バーベキュー炉の内寸）にカットした2×4材を、等間隔に3本並べて接合する

05

手順04の2×4材の上に載せるケイカル板をカットする。500×620㎜に丸ノコでカットした

06

ケイカル板をバーベキュー炉にセット。2×4材のあるところに印をつけ、ビスで打ち留める

07

打ちつけたケイカル板の上に、テラコッタタイルを仮置きしてみる。ちなみに右側手前と左側奥のタイルは、火床のサイズに合わせ、それぞれディスクグラインダーで180㎜カットした

08

ケイカル板の上にコンクリート接着剤（ナルシルバー）を広げ、テラコッタタイルを接着する

09

タイルの上から木ゴテを使って、コンクリート接着剤で目地を埋める。目地を埋めたらスポンジできれいにふいておこう

10 バーベキュー炉の火床が完成した

STEP 05

火床下部にキャビネットを作る

STEP04で作った火床の下にキャビネットを作る。耐火レンガ2個とカットした半分サイズのレンガを水平に並べ、モルタルで接着する

レンガの目地を整えた後、キャビネット内にコンクリートを流し込む。コテで表面をきれいに整えよう

コンクリートが完全に固まったら、キャビネット部分の両端にドアを取り付けるための枠を垂木でつける。サイズは現物に合わせてカットし、STEP04の手順02同様、下穴をあけ、65㎜のコンクリートビスで接合した

キャビネットのドアを作る。まず椎の木を丸ノコで45度に角度切りする。その後、丸ノコの刃を20㎜幅出して、切り込みをいれる(下段イラスト参照)

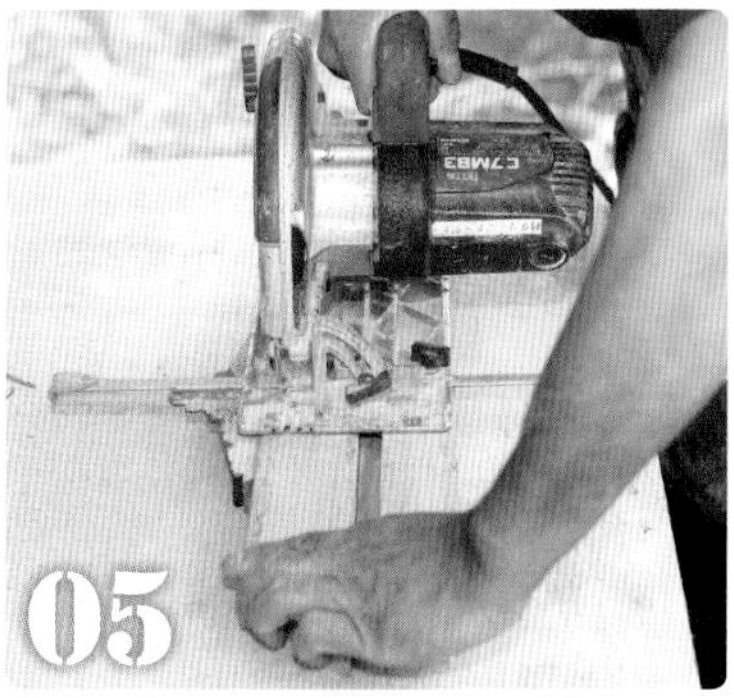

今度は丸ノコの刃幅を10㎜に設定し、04で入れた切り込みに合わせてカットすれば、イラストのように材を階段状に切り欠くことができる

額縁のようなドアの外枠が完成。この後、皿取りビットで下穴をあけ、四方を90㎜のコーススレッドで接合した

厚さ10㎜の杉板2枚をドア内枠のサイズ(1枚に付き435×120㎜)にカットし、枠にはめ込む。その後、25㎜のビスで接合した

完成したキャビネットドアに防腐剤を塗装する

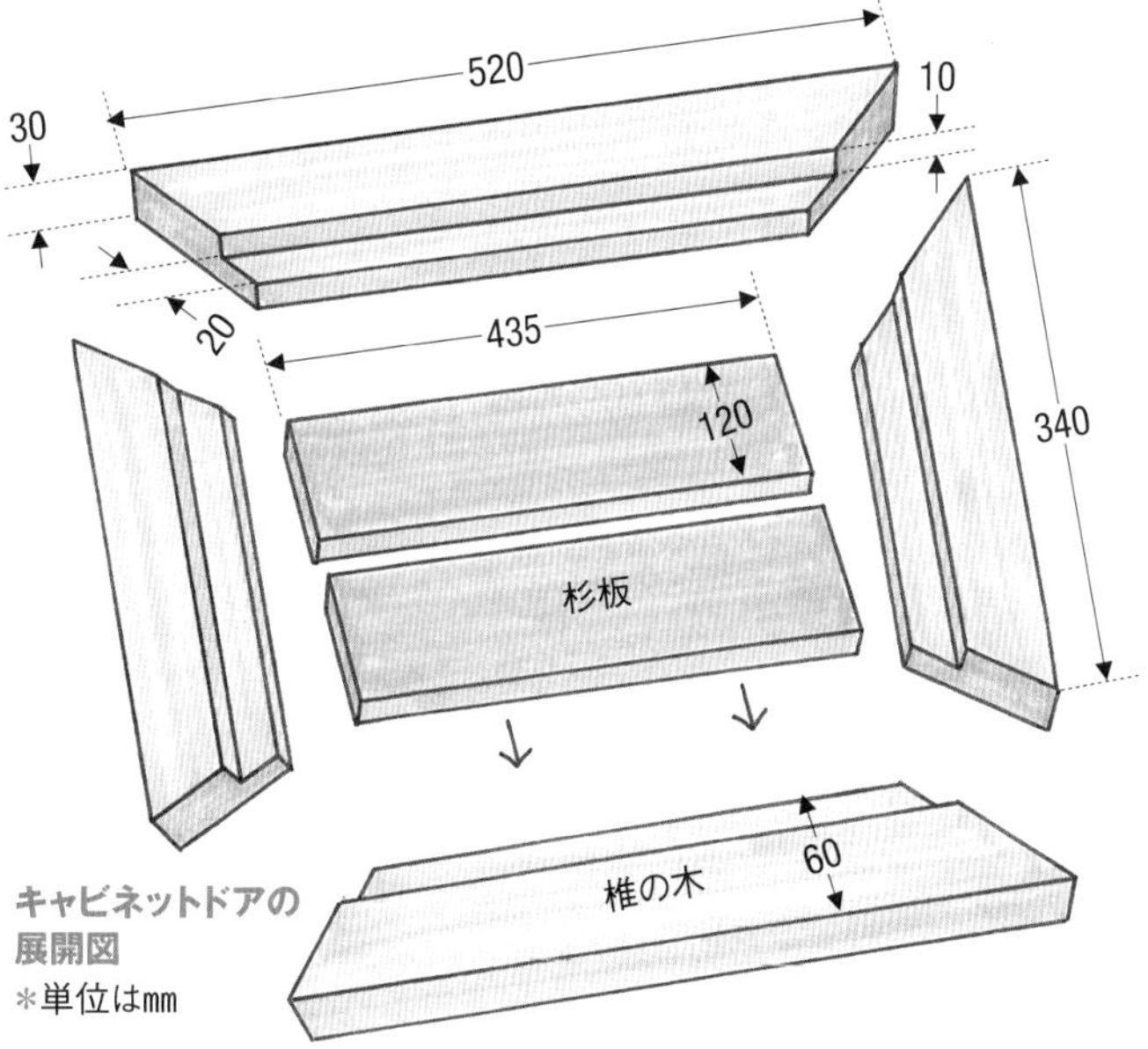

キャビネットドアの展開図
＊単位は㎜

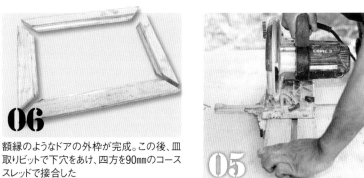

網を2枚おいてバーベキュー炉の完成。レンガ特有の重厚さもありながら、明るい仕上がりに。なお、この後、右隣にピザ窯を作り、ガーデンキッチンとした

ドア左側に蝶番を取り付け、バーベキュー炉本体とドアを接合する

ドア右側に取っ手を取り付け、
キャビネットの完成

あっという間に完成!
レンガを積むだけバーベキュー炉!

レンガをモルタルで接着するのは大変だし、作ったら最後、移動できないしなぁ……そんな思いを胸に秘め、バーベキュー炉作りに二の足を踏んでいるDIYerにはこちら。

モルタルやセメントは必要なし。用意するのは耐火レンガと鉄板、焼き網の3つだけ。なんと積むだけでレンガバーベキュー炉ができてしまうのだ!

作り方は子供が遊ぶ積み木そのもの。地面を水平に均したら、耐火レンガを四角い形に組んで1段目を作る。2段目は、1段目と互い違いになるようにレンガを積んでいく。これを繰り返して、適当な高さになったら鉄板を敷いて火床を作り、またレンガを積む。ここに焼き網を載せたら……ハイ、わずか5分でバーベキュー炉の完成!

レンガを接着していないので、片付けるのに手間がかからず、庭の好きなところで即席のバーベキューができてしまうのだ。レンガワークのウォームアップに、こんなインスタントバーベキュー炉はいかが?

耐火レンガを写真のように四角に並べる。地面を均し、しっかり水平をとっておこう

1段目の上に、交差するように2段目のレンガを置いていく

このまま自分の好みの高さまで、レンガを積んでいく

ある程度の高さまできたら、火床になる鉄板を置き、さらにもう1段レンガを積む

網を載せれば、超かんたんなバーベキュー炉の完成! 製作時間はわずか5分。らせん状の見た目もおしゃれな仕上がりに

楽しいバーベキューのための火のおこし方＆関連グッズ

バーベキュー用の薪や炭に、火をつけるための重要なキーワードは「乾いている」だ。

薪や炭と火床が乾いていれば、火おこしは思いのほか簡単な作業だ。慣れればマッチ1本で火をおこせるようになる。

炭は空気が通るように少し持ち上げた金網の下に市販の着火材（ひとり鍋用固形燃料など）を並べ、金網の上に炭を立たせて並べ着火材に点火する。着火材に点火したら炭のまわりを囲むように底を抜いた大型の缶（アルミホイルで作ってもいい）などを煙突のように置くと、火がよくまわり、まず失敗しないで火おこしができる。家庭のバーベキューなら、キッチンのガスコンロの上に金網を載せて、その上に炭を並べてガスで焼いて火をおこすのも簡単な方法だ。

薪の火おこし手順は、まず割り箸程度の長さ、太さの乾いた小枝を10本程度集める（もちろん乾いた割り箸でもいいし、細く割いた薪でもいい）。これを乾いた火床の上にすき間だらけのピラミッド状に盛る。この上に男の指ぐらいの太さの乾いた薪を、薪の太さ分のすき間をおいて並べる。薪の上部は交差させると安定する。ここで薪のすき間からマッチやライターでピラミッドの下部に点火。乾いている条件をそろえれば、これで薪まで十分火が移っていく。薪が燃えはじめたら、より太い薪を入れて燃やせばいい。条件が整っていればこれでいいが、ちょっと湿っているがなんとかしたい、急いで火を大きくしておきたいというときのために、高性能なガスバーナーや、送風機などを忍ばせておくのも、失敗しない火おこしのためには大事な装備といえる。

ここで紹介しているグッズ類はホームセンターや100均ショップで入手できる。

炭の火おこしはガスレンジで火をつけるのが簡単

送風機

強制的に空気を吹き出す送風機は火力を強くしたり、つぎ足した薪や炭に火を移す際に活躍してくれる。

火バサミ

薪や炭をつかんで動かしたり、火加減を加減する。長めのものが使いやすい。

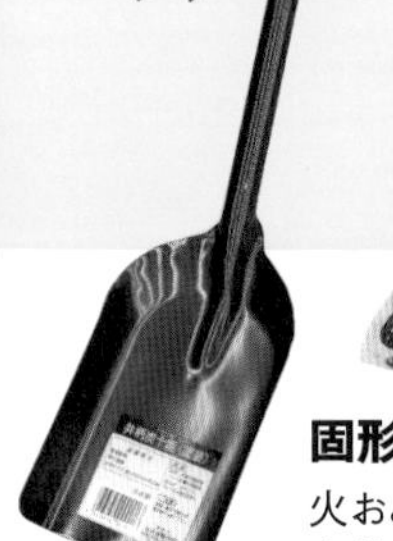

灰用スコップ

火床に残った灰や、おきや炭を動かすのに使う先が平になったスコップ。

カセットガス式ガスバーナー

強力な火炎を出すことができるガスバーナーなら、少し湿った薪や炭に点火することができる。

固形燃料

火おこし時の着火材として有効な固形燃料。ひとり鍋用の小さなタイプが使いやすい。

炭の着火例

着火材（ひとり鍋用固形燃料など）を焼き網などの上に並べ、着火材の高さにあわせてまわりに台を置く

着火材の上に網をかぶせ、炭に積み火をつける。着火にはロングノーズライターが便利

炭の周囲を煙突のように囲むと、空気の流れがよくなり、確実に着火できる

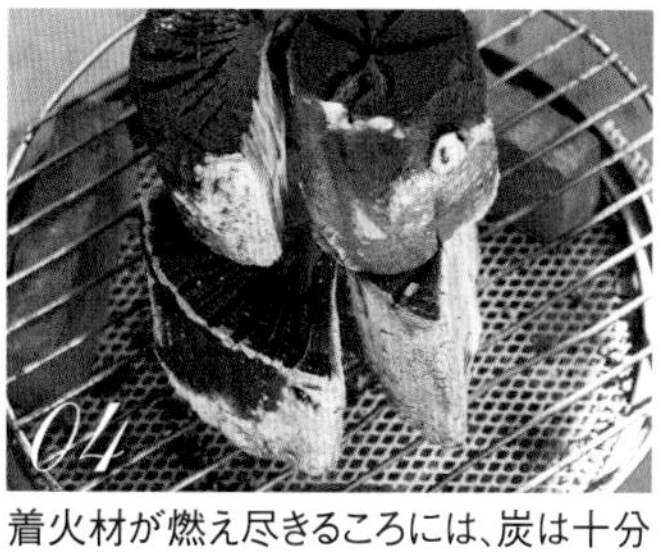

着火材が燃え尽きるころには、炭は十分におこっている

神奈川県横浜市●川端邸

リビングで楽しむ バーベキューテーブルのある暮らし

写真◎冨士井明史

炉の上に2×4材を並べるだけで、日常にも使えるフラットなテーブルに。天板と素材が同じなので違和感なし

2×4材を2本合わせて4×4サイズにした脚。天板も、天板を支えている井形の材も全て2×4材で組まれている

チェアとベンチは、使う人に合わせて座面の高さや背板のカーブを変えてあるオリジナル仕様だ

炉の下側に取り付けてあるのは炬燵用電熱器。冬も足元が暖かく、自然と家族が集まる

将来のライフスタイルを考えて、椅子で使えるテーブル型のバーベキュー炉を発想。広い天板を大勢で囲める

驚きの安さで実現したオリジナルテーブル

しっかりと組まれた2×4材が頼もしい大型テーブルは、リタイア後のDIYを楽しむ川端勝さんの会心作。8～10人で囲めるゆったりサイズで、友人たちが集まるパーティーはもちろん、日常的にも使われているリビングの主役だ。

田舎の長火鉢にヒントを得た囲炉裏作りが、製作の途中で高齢化を考え、テーブルへと進化したという。囲炉裏の風合いと頑丈さをそのままに、2×4材を抱き合わせた脚で全体をしっかりと支えている。同じSPFで作られたチェアとベンチはキャスター付きで、シーンにあわせて自在にレイアウトできる使いやすさ。また炉を使わずフラットな天板にできるフタも備え、手作りならではの工夫が随所に。これだけの本格仕様で材料費約1万円というのも驚き。

「SPFは1820㎜が1本200円程度で安かったんです。1万円してないかも（笑）。家具用のラッカーで仕上げたら、色もよく落ち着きました」

満足げに話してくれる川端さん。炉の上に置くグレート（五徳）はステンレスの丸棒を溶接した格子で、これを知人に作ってもらえたのもラッキーだった。分厚い2×材に包まれた迫力のバーベキューテーブルは、今日も川端家の中心にある。

製作者 川端 勝さん、64歳
DIY歴 3年
製作費用 約1万円
製作期間 約1カ月
主な材料 2×4材、耐火レンガ、グラスウール、トタン板、軽石

バーベキュー炉の構造

炉の中に白く見えるのが軽石。深さ30㎝程度まで入れている。その上にワラ灰をまいてから炭をおいている

耐火レンガ+グラスウールで高い断熱性を確立

炉はまず2×4材を箱型に組み、その内側に耐火レンガを積み、グラスウールで包んでからトタンを内張りしてある。大人でも動かせないほどの重量になったが断熱性は抜群。また炉の中は軽石を厚く敷きつめてからワラ灰で火床を作り、炭を置いている。さらに炉の下側にこたつ用電熱器を備えて、足元もあったか。

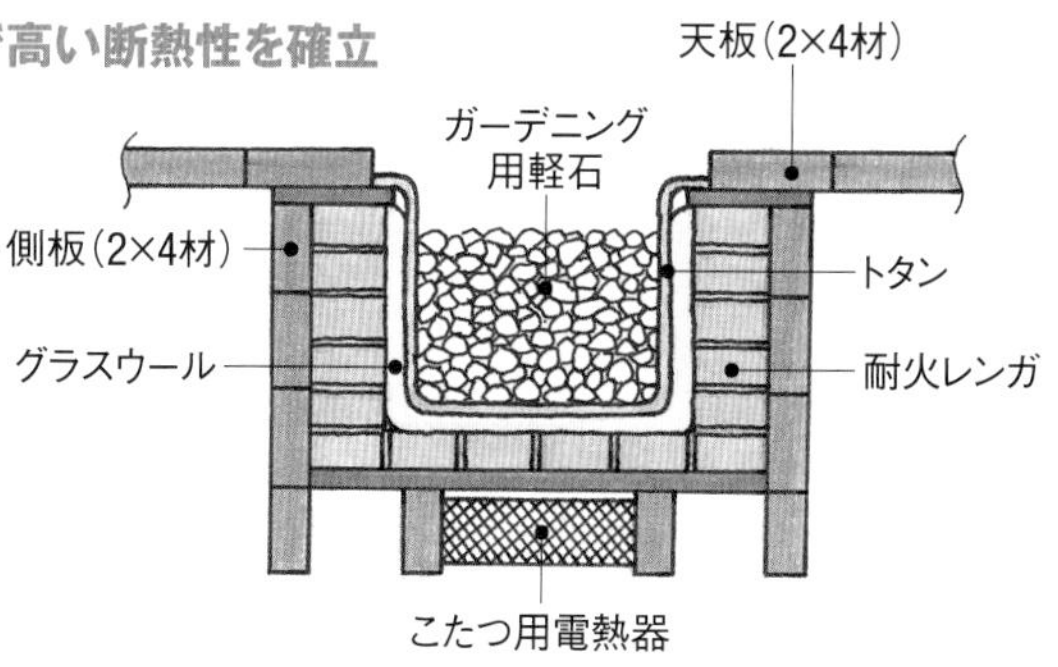

千葉県市川市●W邸

家族のバーベキューテーブルが週末の2日間で完成

写真◎ドゥーパ！編集部

初心者でも挑戦しやすいシンプル構造

庭の1コーナーを使って、家族が憩えるスペースとしてバーベキューテーブルを製作したWさん。材料は2×4材を中心にステンレス平板とタイルだけのシンプル構造。初めてでもチャレンジしてみたくなる作品だ。

作り方は簡単。2×6材を相欠きして井形に組み、真ん中を残して2×10材を並べると天板のできあがり。真ん中の空いたスペースがバーベキュー炉になる。炉は2×6材を箱型に組んで、加工性のよい0・3㎜厚のステンレス平板で内張りを施した。安定感を高めるために、全体の重心を低くし、脚にはしっかりした4×4材を使っている。天板は「焦がし仕上げ」で仕上げた。これは、天板の表面をバーナーで焦がしてから、金たわしでこすり、ウエスできれいに拭き取った後、クリア塗装をするというもの。

「木目が浮き出て、なぜか時代モノに見えて面白いですよね。ちょっと囲炉裏風を意識したのでちょうどよかった」

とチャレンジをふり返るWさん。ハンドウィンチのワイヤーを使ったワイルドな自在鉤も、真似してみたいアイデアだ。

炉の広さは手持ちのバーベキュー網に合わせたというオリジナルサイズ。いつでも焼き肉が楽しめる

炉を使わないときには1×4の板でフタをしておけば普通のテーブルに

炉の部分を真横から見る。2×6材の底板の間にすき間を作ってあるのがわかる

フェンスから柱を立てて、ウィンチの自在鉤を吊るすアイデアに脱帽。「上げるのは簡単だけど下げるのがたいへん（笑）」とWさん

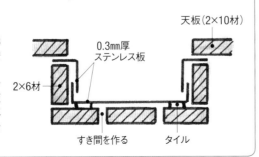

製作者	Wさん、57歳
DIY歴	7年
製作費用	約1万円
製作期間	2日
主な材料	2×4材、ステンレス平板、タイル

バーベキュー炉の構造

炉床の下に空けたすき間がポイントに

炉には耐火レンガや銅板を使わず、0.3㎜厚という薄手のステンレス板を採用。安価なうえに、金切りバサミで簡単に切れて、クギ打ちもできるので作業効率ジャンプアップ。ただ熱を逃す工夫として、ステンレス板の下にタイルを挟んですき間を作り、さらに底板の2×6材にもすき間を空けた。予算をかけずに知恵をしぼった独自のアレンジだ。

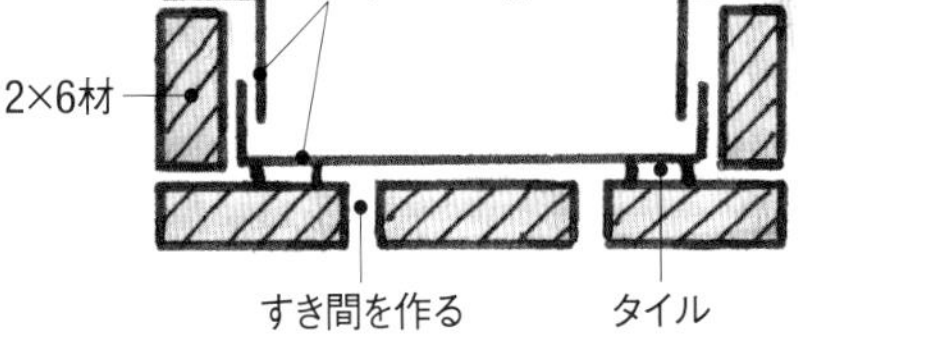

人は火のあるところに集まるという持論をもつWさんのバーベキューテーブル。その温もりとざっくりした手触りが家族にも友人にも人気

製作者　小林敏郎さん、46歳
DIY歴　10年以上
製作費用　約15万円
製作期間　約5日
主な材料　集成材、鉄板、レンガ、アングル、ステンレス棒、アクリル板

茨城県ひたちなか市●小林邸

バーベキューテーブルなら自宅でキャンプ気分

写真◎佐藤弘樹

集成材を無駄なく使って低コストに

家族そろってキャンプ好きの小林家。ご主人の敏郎さんは、子供の部活動などでだんだん行けなくなってきたのをなんとかしたいと、家でアウトドア気分を楽しめるバーベキューテーブルを手作りした。

素材は30㎜厚の集成材。重ねて2層にすることで60㎜の分厚い天板が出現し、どっしりとした重量感。また、材を100㎜幅のサイズで統一し、天板はこれを2枚接いで幅広に、脚はそのまま使ってバランスよく仕上げた。材料の統一が効率的な木取りにつながり、このサイズと高級感で1万5000円という安さを実現している。

炉は、箱部分を20㎜の板にして内側をレンガで包み、底板は5㎜厚の鉄板のみ。灰があるので底の鉄板も少しあたたまるだけで安全だという。どちらかというと上（ふち）のほうが心配だったが、使ってみて全く問題なしとひと安心。

「昔からキャンプ好きでしたが、考えてみればキャンプの楽しさって、火を囲む楽しさだったんですね。完成できてよかったです」

と笑顔を見せる小林さん。息子さんと一緒に炭火を見つめる、男同士のおしゃべりも楽しい時間だ。

炉を使わないときは、透明のアクリル板でフタをするとおしゃれなテーブルに早変わり。もちろん十分冷ましてからフタをする

バーベキュー炉の構造

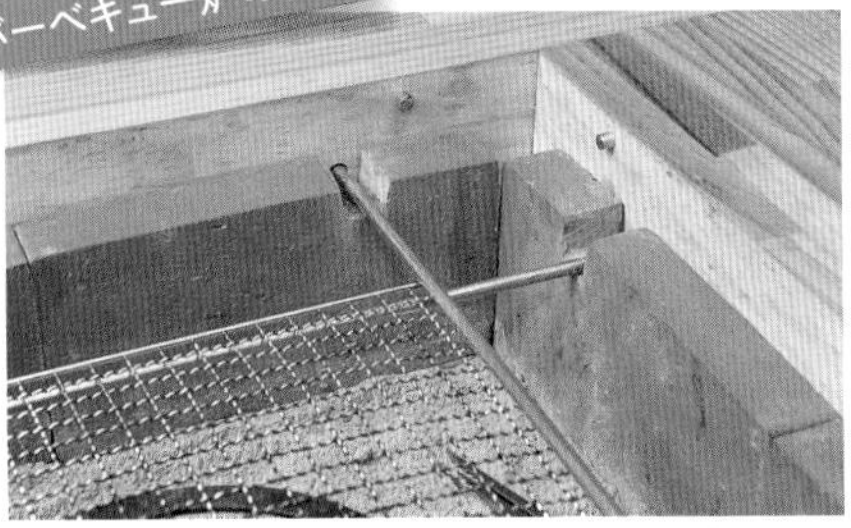

木部との間にはレンガがあるだけだが、焦げたりしていない

1／2厚のレンガで断熱したシンプル炉

炉内に張った（置いただけ）レンガは、通常の赤レンガで厚みは半分。それでも耐熱性は問題ないし、炉内を広くとれる利点も生まれた。網置きは、ステンレス棒を4本、井形に置いただけだが、縦横で干渉しないよう高さをずらし、網を挟み込めるようにしたのがポイント。フタを透明のアクリル板にして炉内を楽しめるデザインになっている。

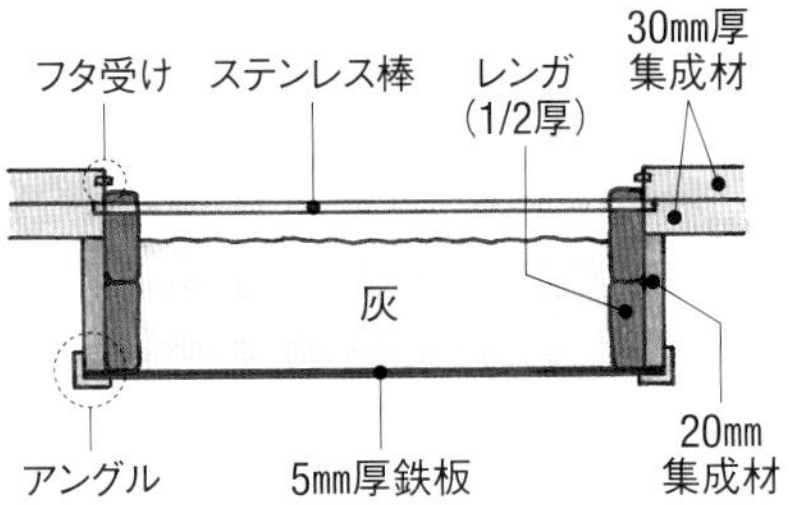

薄いレンガだけで断熱された炉。木部が近いことを心配していたがまったく問題なく3年以上使用している

天板が2層だから、下側の一枚だけ切り欠くことでしっかり脚を組みつけられた。その脚も同じ30㎜厚の集成材。炉の下端に見える金属がアングル

囲炉裏でアウトドア気分を楽しむ小林さん

家族に大好評のバーベキューテーブル。チェアやベンチもセットで製作し、大勢で囲める憩いのスペースに

東京都北区●野村邸

豚の丸焼きOK! ドラム缶の野宴テーブル

写真◎ドゥーパ！編集部

ドラム缶に鉄筋の脚を溶接した特大サイズ

20年以上も前に、栃木の山奥に仲間同士でセルフビルドしたログハウス。今も集まる仲間たちの大宴会に活躍するのが、手作りの巨大なバーベキューテーブルだ。

製作者は中心メンバーの野村潔さん。ドラム缶を半割りしてそのまま炉に使い、鉄筋の脚を溶接して天板を取り付けただけのシンプルかつ大胆な構造。このサイズだから焼けるものも大きく、子豚の丸焼きだって可能だ。

実は野村さん、肉塊の丸焼きを簡単においしく楽しめるように、チェーンスプロケットを利用した電池式の回転軸を開発したのだ。

その秘密兵器は通称「ノムラー」。まったくのオリジナル製品だ。ドラム缶の炉の上に装着し、肉を軸に突き刺して作動させれば、1分間に3回転ほどのゆっくりしたスピードで軸が回り、外は

7年かけたログハウス作りの仲間たちが集まるのは決まってこのテーブル。大きな炉で豪快にバーベキューを楽しむ

天板をはずした状態がこちら。鉄筋で作られた脚がしっかりと溶接され、大きな炉を支えている

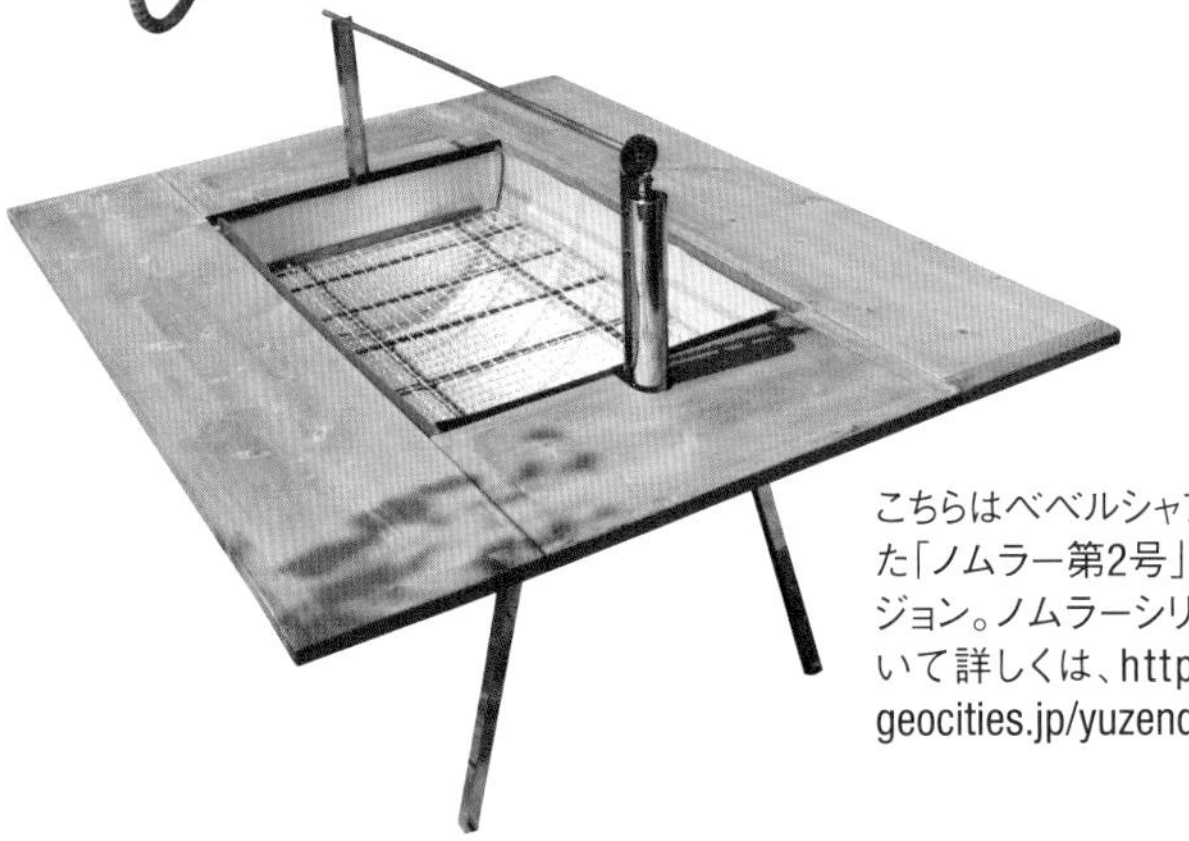

こちらはベベルシャフトを用いた「ノムラー第2号」装着バージョン。ノムラーシリーズについて詳しくは、http://park.geocities.jp/yuzendo/まで

野村さんが開発した「ノムラー」の駆動部。バッテリーでチェーンスプロケットが回り、シャフトが回転する

肉の塊を焼く回転シャフト「ノムラー」を装着した状態。大きな肉塊が自動でゆっくりと回る様は、エンターテインメント性も抜群

使わないときは雨が入らないようにスチールのカバーでガード

バーベキュー炉の構造

ドラム缶を半分に割ってそのまま炉に

縦に割ったドラム缶を炉に使い、とくに断熱などはしていないワイルド仕様。ログハウスの広いデッキで使うのに十分なガーデンテーブルだ。脚はU字に曲げた鉄筋で、溶接で固定してある。板材を組んで渡した天板は取り外しが可能で使い方は自在。

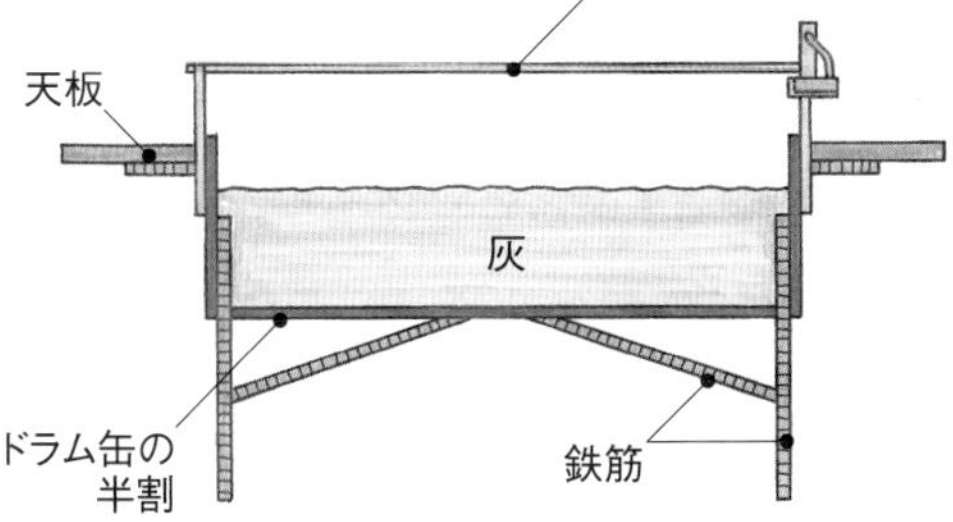

カリカリ、中はレア。脂の落ちる音と匂いで周囲を悩殺する。集まった仲間たちは、焼けたところからナイフでそぎ落として口に放り込むという山賊バーベキューで盛り上がるという。

さらに、チェーンの代わりにベルギアを使った第2号も生み出した野村さん。これからの進化型「ノムラー」も楽しみだ。

製作者	野村 潔さん、57歳
DIY歴	28年
製作費用	約4万円（ノムラーを除く）
製作期間	―
主な材料	板材、ドラム缶（半割）、鉄筋

実践マニュアル❷

七輪利用の組み立て式 バーベキューテーブルを作る

バーベキューテーブルが欲しいけれど、炉の作り方が難しそうで…という方は多いのでは？

炉の代わりに、市販の七輪をセットするアイデアテーブルがこちら。

使わないときはバラして片付けられる組み立て式で、構造も作り方もすごく簡単。

製作◎白井 糺、ドゥーパ!編集部
写真◎松村映三、高島宏幸

バラして持ち運べるから旅のお供にも。組み立て方は42ページへ

鉄筋を並べて七輪スペースの棚に

　火を使うバーベキューの炉の部分は、耐熱や構造に工夫が必要な心臓部。ここをそっくり、市販の七輪に肩代わりさせることで作業をぐっと簡単にしたのがこちらのテーブルだ。

　テーブルの中央を一段下げて七輪スペースを作っただけのシンプル構造。七輪の周囲は熱がこもらないよう、鉄筋を並べただけの通気性の高いスペースにしてあり、安全面もばっちり。これなら、初めての方でも週末の数時間で気軽に挑戦できそうだ。

　さらに、組み立て式というのも、このテーブルの特長だ。天板、脚、七輪棚がバラバラになり、さらに天板は4枚の板に分解できる。収納しやすく、車に載せて持ち運ぶにも都合がいい。4枚の天板が独特の形をしているのは、バラしたり組み立てたりが自由な、はめ込み式にしたためだ。

　一見難しそうな形状だが、ジグソーで簡単にカットできるので心配ご無用。なお、別項に寸法を表示してあるが、これは直径約260㎜、高さ約230㎜の七輪に合わせたものなので、使用する七輪のサイズによって変更するといい。実際に現物を合わせてみながら微調整していこう。

　材料は、ホームセンターで手に入るリーズナブルなものばかり。七輪も1000円前後で購入できる。

＊単位は㎜　　バーベキューテーブル　パーツ図

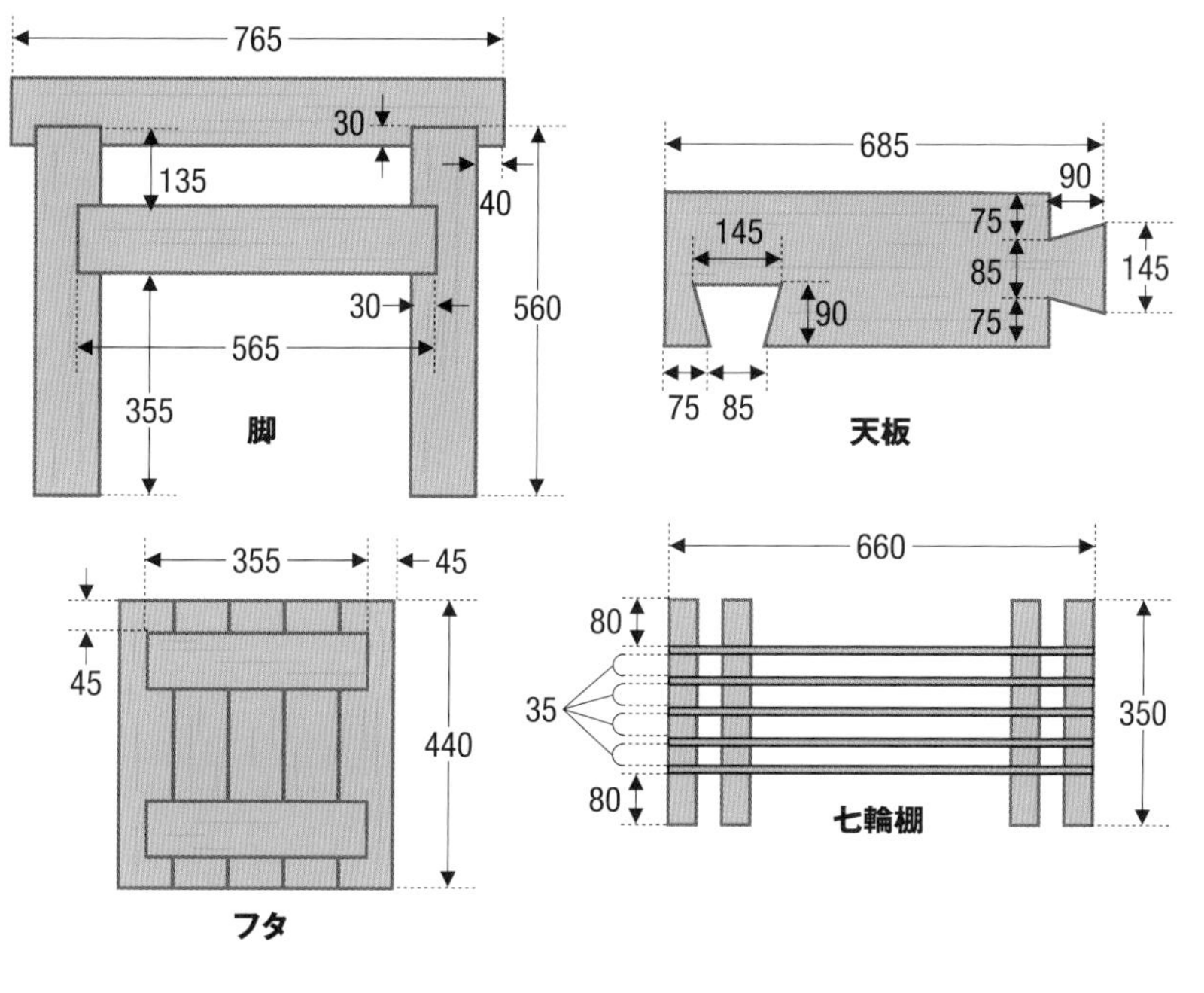

バーベキューテーブル　断面図

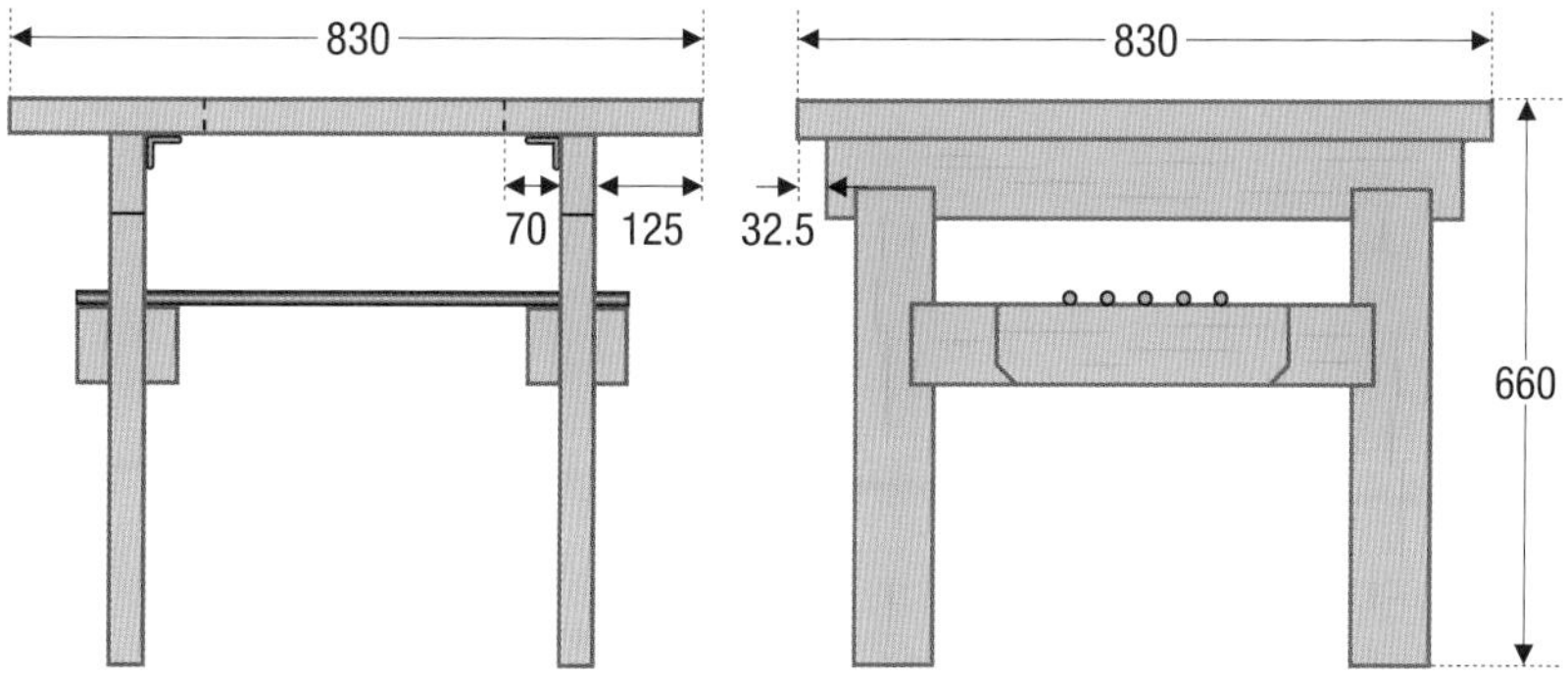

用意した道工具

丸ノコ、ジグソー（木工用ブレード、金工用ブレード）、インパクトドライバー、ドリルビット（3㎜径、4㎜径、8㎜径）、万力、金工用ヤスリ、ポンチ

用意した資材	サイズ	数量
2×10材	685㎜	4本
2×4材	765㎜	2本
	565㎜	2本
	560㎜	4本
	350㎜	4本
1×4材	440㎜	5本
	355㎜	2本
蝶番掛金（60㎜）		4個
鉄筋	10㎜径、長さ660㎜	5本
アルミアングル40×40㎜、長さ400㎜		4本
105㎜ビス、35㎜細ビス、28㎜細ビス		各適宜
木工ボンド		適宜

STEP 01

バラせる天板と、脚を作る

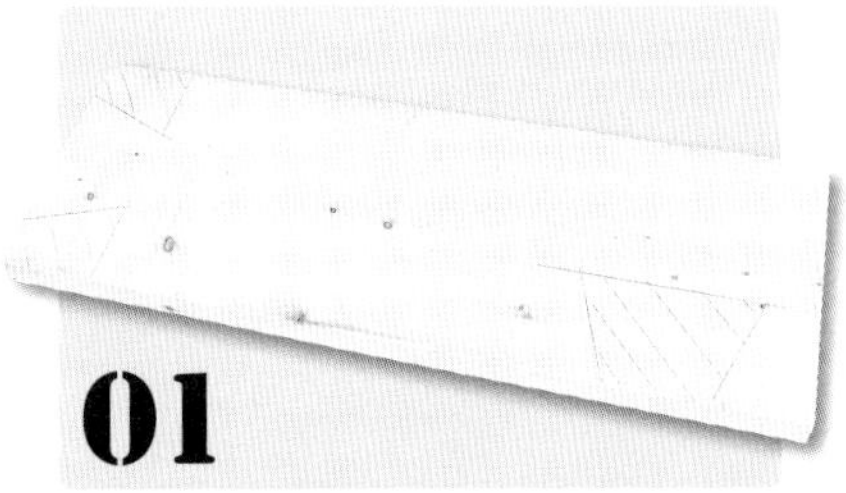

天板の継ぎ手（組み合わせ）部分をカットするために墨つけする。寸法は前ページ参照

墨線に合わせてジグソーでカット。真っすぐな板材などに沿わせれば楽だ。ジグソーのブレードが入らない箇所は、まず8mm程度の径のドリルで穴をあけ、その穴にブレードを入れてカットする

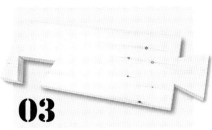

継ぎ手の形にカットした天板。これを4枚作る

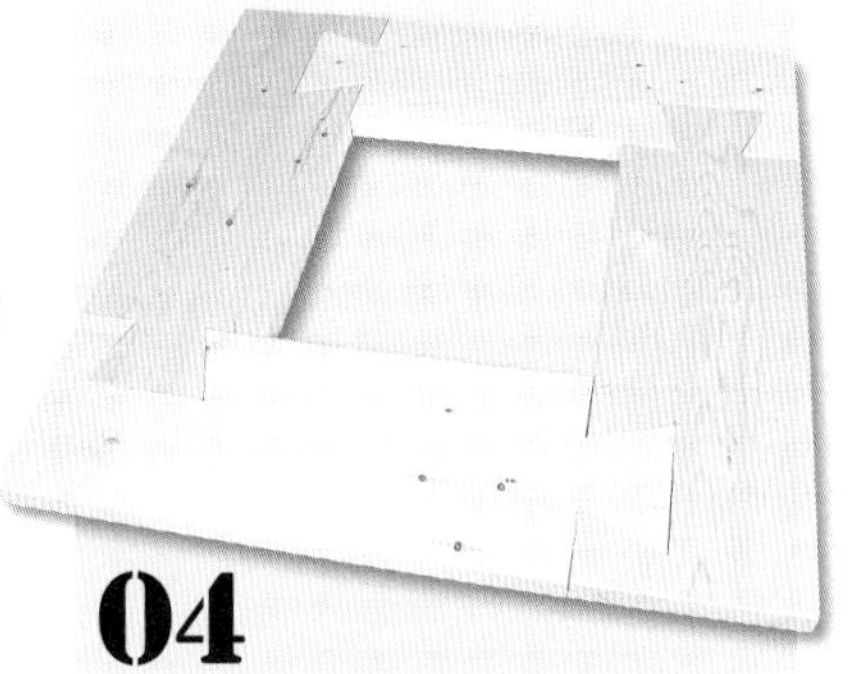

4枚の天板を組み合わせたところ。きれいに組み合わない場合は微調整しよう

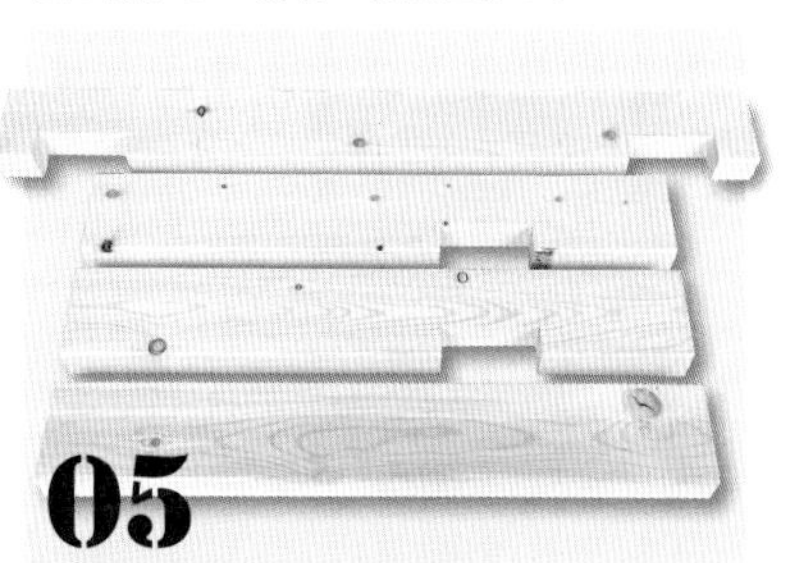

脚の材料をジグソーで図面通りに切り欠く。カットの方法は天板と同様

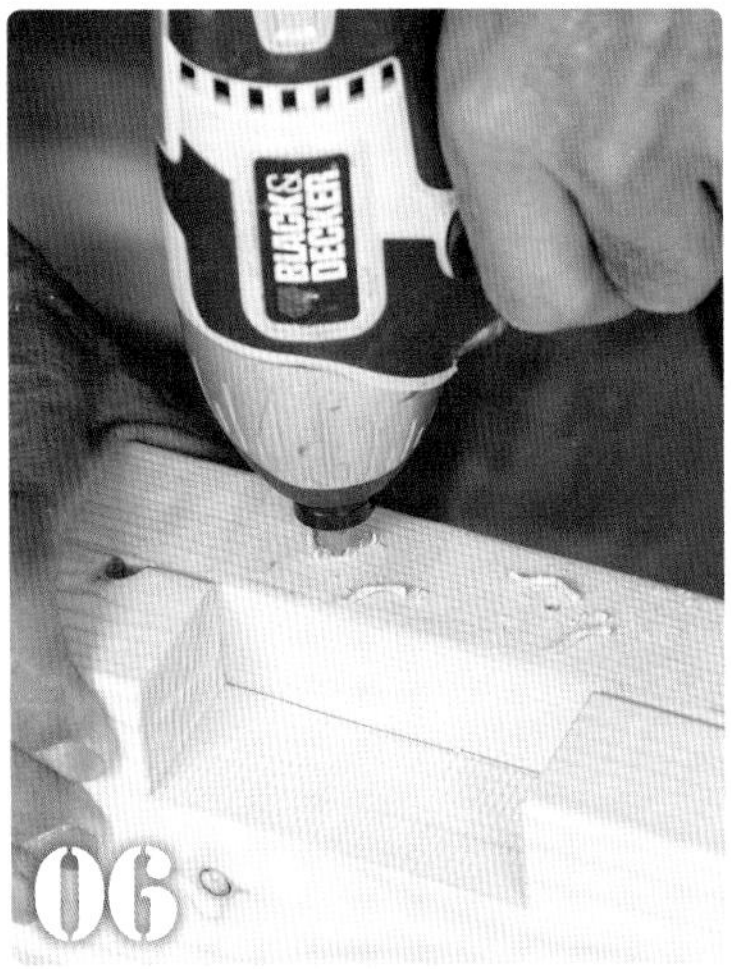

ビスを打つ箇所に、3mm径のドリルで下穴をあける。2×4材の幅に合わせてビスを打つので、別の材の2×4幅に切り欠いた部分をあてがうと、見当をつけやすい

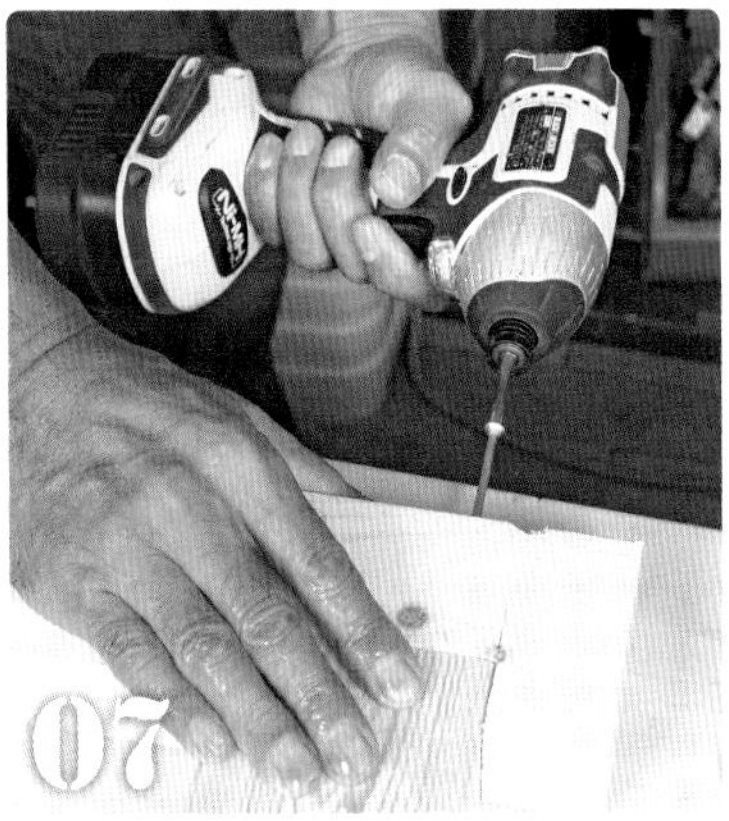

105mmのビスで接合する。接合部分には木工ボンドを塗ること

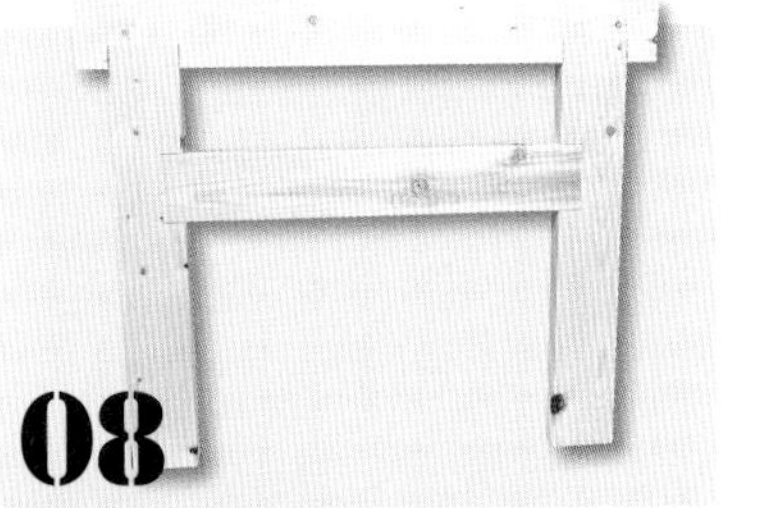

脚の完成。これをふたつ作る

天板に図面通りに脚をあてがい、天板と脚をつなぐ蝶番掛金の取り付け位置を現物合わせで決める。天板の継ぎ目に当たらず、かつバランスのいい位置にする

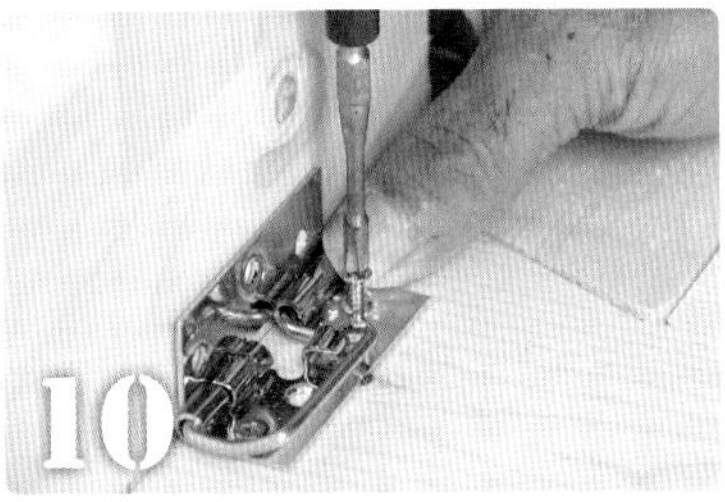

蝶番掛金を付属のビスで留める

天板と脚を蝶番掛金でつないだ。この状態では、蝶番の軸の“遊び”もあるため不安定だが、次のステップで作る七輪棚をはめ込むことで安定する

STEP 02

脚の貫にぴったり挟まる七輪棚を作る

01

使用する七輪のサイズに合わせて、七輪棚に使う鉄筋の数を決める。ここでは5本を35mm間隔で並べることに決定

02

金工用ブレードを装着したジグソーで、鉄筋を図面通りにカットする。万力で固定しておくと作業しやすい

03

切り口に金工用ヤスリをかけて、なめらかにする

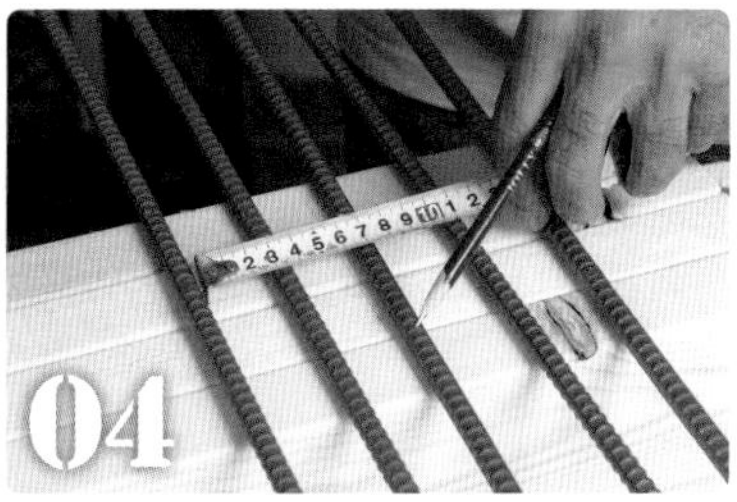

04

鉄筋の両端に接合する2×4材に、鉄筋の位置を墨つけする

05

鉄筋にビスを打つ位置を墨つけする

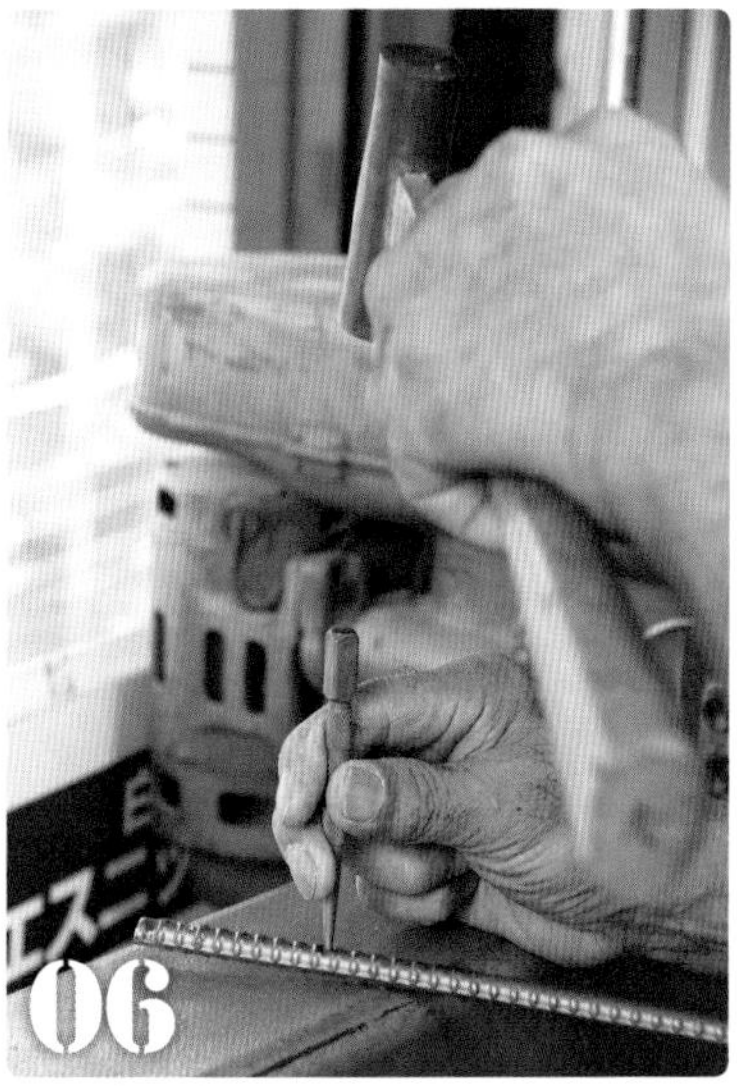

06

ビスを打つ位置をポンチでへこませる。これは下穴をあけるためのドリルが滑るのを防ぐための大事なひと手間

07

ビスを打つ位置に、4mm径のドリルで下穴をあける。鉄筋は万力で固定するか、写真のように端材に小さな切り欠きを作って固定すると作業しやすい

08

下穴に合わせて35mmの細ビスを打ち、鉄筋と2×4材を接合する。実際に、2枚の2×4材で脚の貫をぴったり挟んだ状態で作業すると、正確に仕上がる

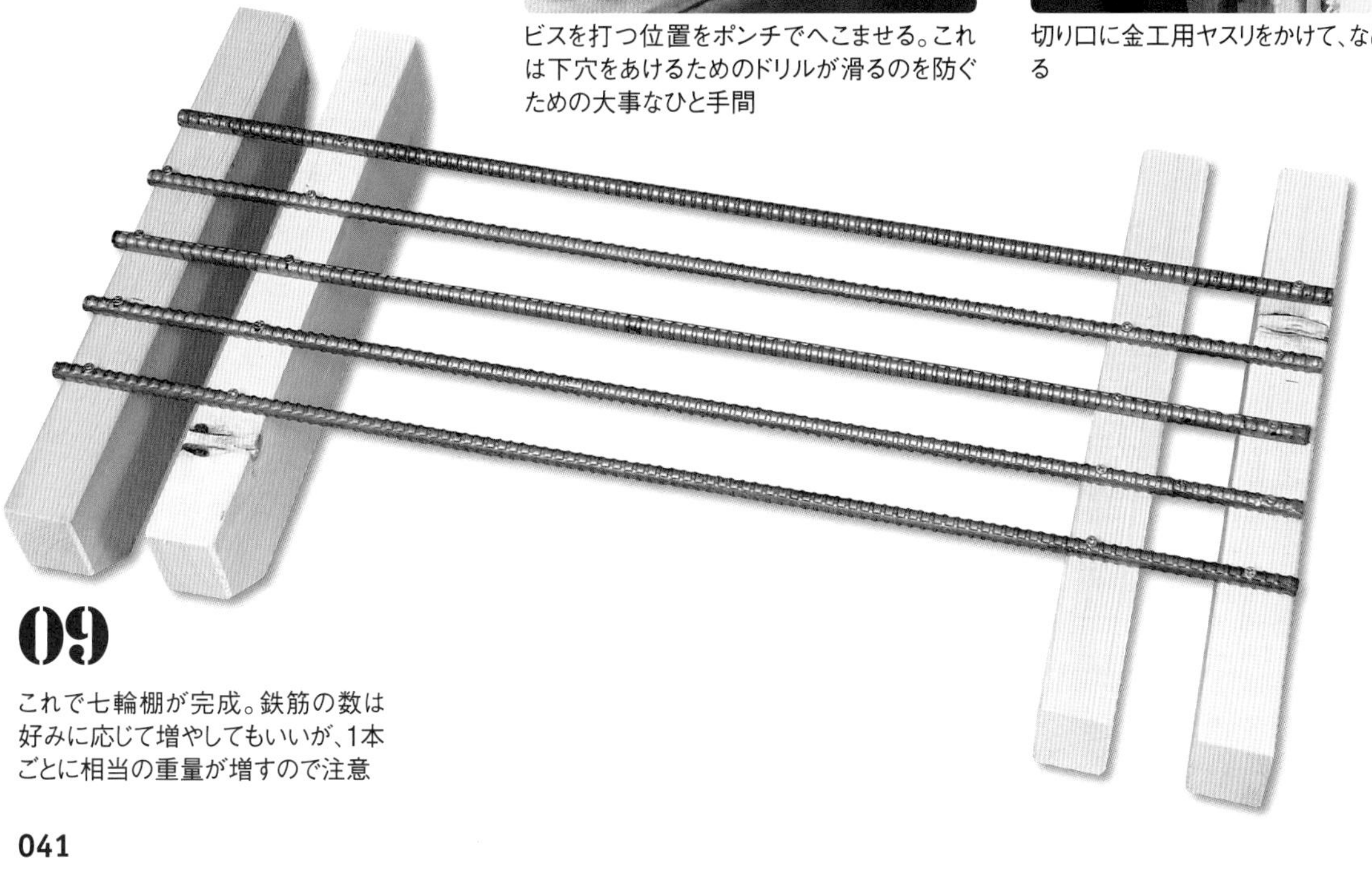

09

これで七輪棚が完成。鉄筋の数は好みに応じて増やしてもいいが、1本ごとに相当の重量が増すので注意

STEP 03

アルミの耐熱板と、フタを作る

金工用ブレードを装着したジグソーでカットし、長さ400mmのアルミアングルを4本作る

天板の内側にカットしたアルミアングルをはめ込めば、耐熱板の完成。天板の間にはまりにくい場合は、ノコギリで少しだけすく。あえてビスでの固定はしないすっきりデザイン

1×4材を5枚並べてフタを作る。桟が天板の開口部にきれいに収まるように、墨つけする

桟を28mmの細ビスで接合する。接合面には木工ボンドを塗ってある

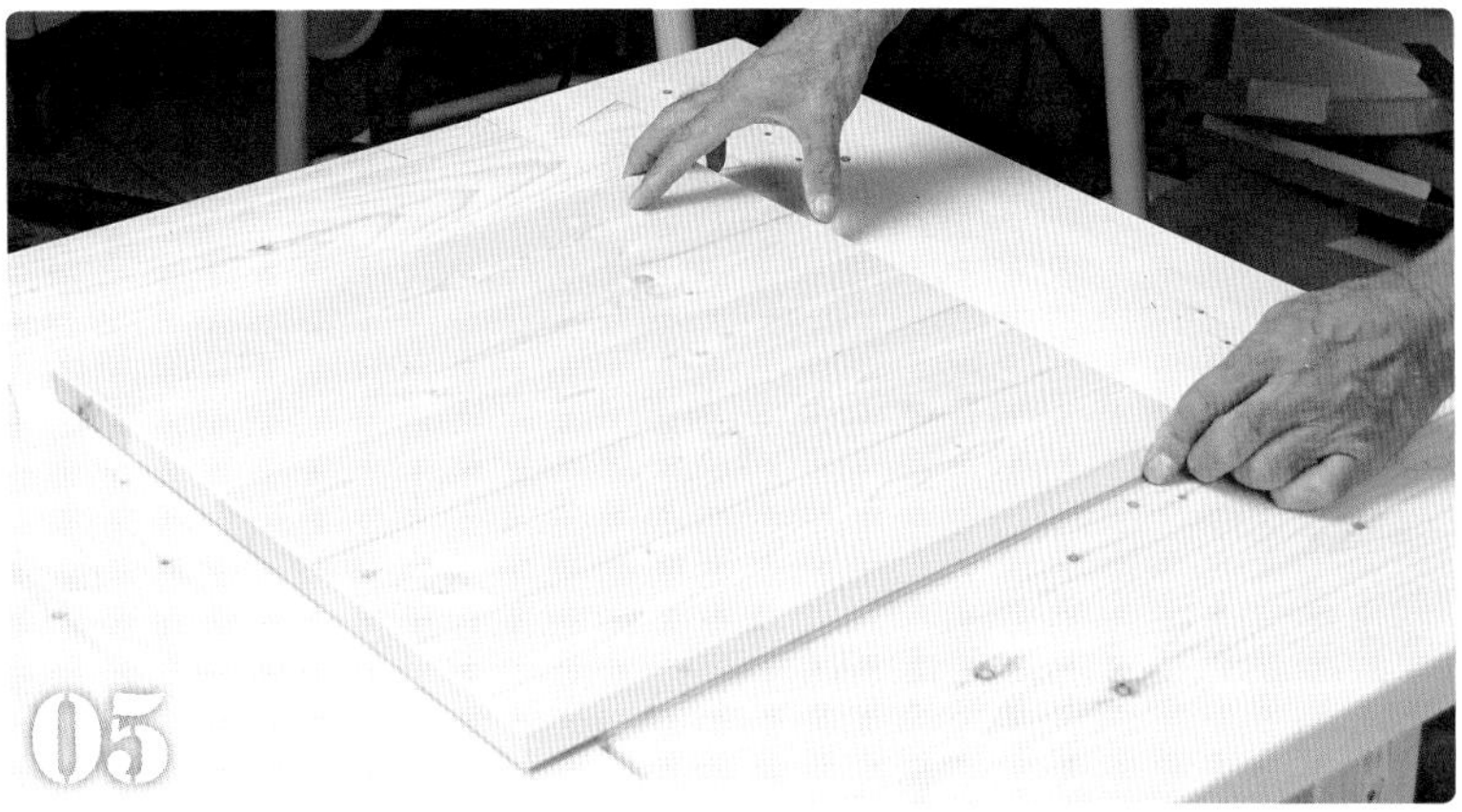

フタの完成。開口部にぴったり収まった

この蝶番掛金がポイント

留め方の手順

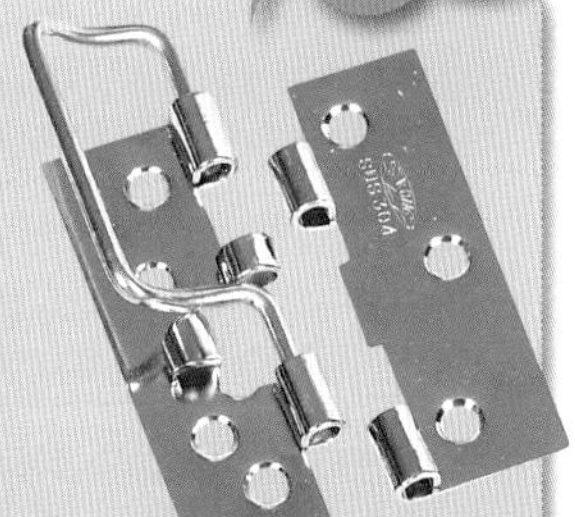

ふたつに分割できる蝶番掛金。ホームセンターで購入できる

軸を通せるよう管の位置を合わせる

軸を押して管に通す

軸を倒し、ストッパーにかけて終了。取り外しは逆の手順で

バーベキューテーブルの組み立て

天板も脚も簡単にバラし、組み立てられる。収納にも持ち運びにも便利!

組み立てスタート。まず脚の貫に七輪棚をはめる

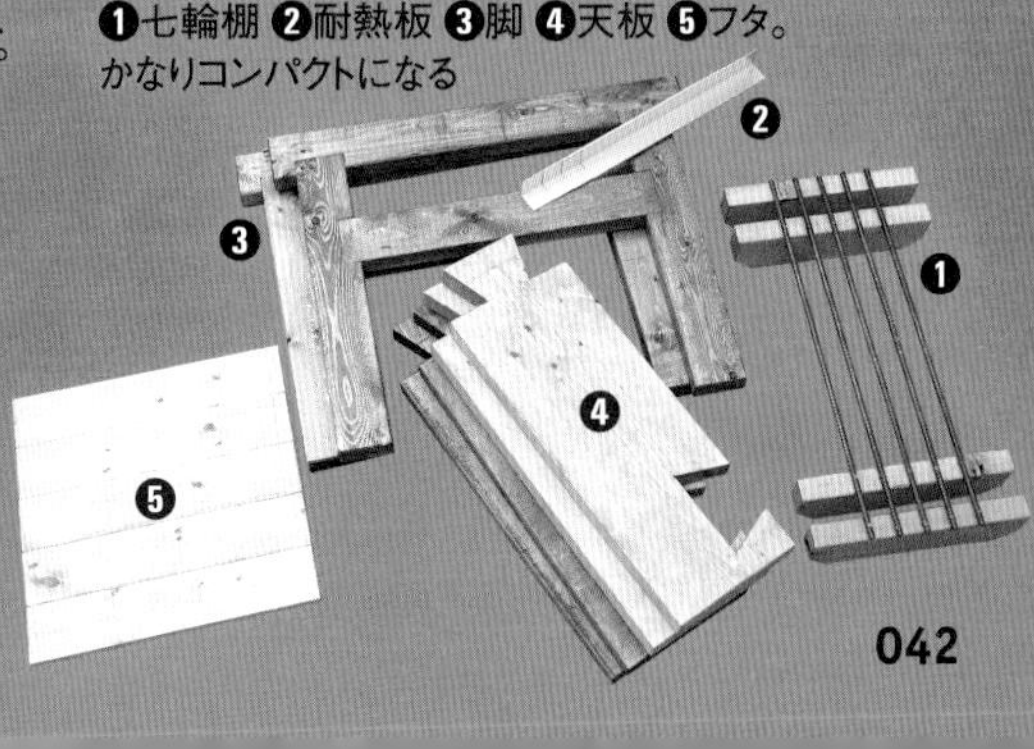

❶七輪棚 ❷耐熱板 ❸脚 ❹天板 ❺フタ。かなりコンパクトになる

フタをはめた状態がこちら。塗装次第でデザインも遊べる

STEP 04

塗装して仕上げる

01

天板の組み合わせ部分に合い印をつける。これで組み立ての際に迷わない

02

同様に、天板と脚の間にも合い印をつけておく

03

形はできあがった。あとは、耐久性、デザイン性アップのために塗装をすれば完成だ

完成!

これで完成。天板は1枚ごとに色を塗り分ければ、継ぎ手のコントラストを生かした独特のルックスに

蝶番掛金がついた2枚の天板を留める

残り2枚の天板をはめる

最後にアルミの耐熱板をはめてできあがり!

バーベキュー炉で楽しめる ガーデンクッキングレシピ

青竹の炊き込みご飯

青竹を飯ごうにするためには、写真のようにノコギリとノミを使って米と水を入れられるように加工する。そこに米（無洗米が使いやすい）を入れて水を入れる。

米と水の分量は米に対して人差し指分の水という、普通の炊飯器の分量でOK。ここに粉末だしで味つけして、具（写真ではグリーンピースの小缶1個分）を加えて混ぜたら、フタを載せて針金（ここでは0・7㎜番線を使用）などで固定して、おき火にくべる。おき火の火加減は中火程度。おきの上に置いたら沸騰してもそのまま見守り、湯気が消えて、竹が燃える直前に火から取り出す。青竹が燃えはじめるぎりぎりがタイミングだろう。だいたい10分以内で炊き上がり。おこげもできた懐かしいご飯が楽しめる。ご飯を取り分けた竹筒は燃料として燃やしてしまえばいい。

用意した材料、食材
長さ40㎝の節付きの青竹
米（無洗米）
グリーンピース缶（小缶）
粉末だし
水

01 竹筒の中に均等に米を入れる。分量は見た目で決めていい

02 水を加え、グリーンピースを入れ粉末だしなどで味つけする

03 弱火の中に置き、湯気が止まり竹が燃えるか燃えないかのタイミングでおきから引き出すと、ちゃんと炊けている

ポークのスモークバーベキュー

01 全国のホームセンターで購入できる新富士バーナーのスモークチップを使用

02 ダッチオーブンの底にスモークチップを置き、おきの上に載せ、煙が出てきたら用意した肉、野菜をならべる

03 フタをしてフタの上にもおきを載せ、オーブン状態で調理する。時々フタを開けて様子を見るが、頻繁にあけすぎるとスモークにならないのでほどほどに

用意した材料、食材
ダッチオーブン
ダッチオーブンの底に置く金網
網を3㎝持ち上げる小石など
ソテー用ブタ肉
茹でたジャガイモ
プチトマト

ダッチオーブンを利用して、スモークしながらポークを焼くという方法でバーベキュー仕立てにしてみた。

ダッチオーブンは、レンガのかけらなどで付属の網を底から3㎝程度持ち上げて固定。ダッチオーブンの底に大さじ1杯程度のスモークチップ（今回は無難な香りのブレンドを使用）をなべ底の真ん中に山形に置く。これをおきの上に置き、スモークチップがいぶされて煙が出てくるまで待つ。

煙が出てきたら、網の上に塩コショウしたポーク、茹でたジャガイモ、プチトマトを並べてフタをする。

フタの上にも燃えているおきを載せてオーブン状態にして熱する。時々フタを開けて肉の仕上がりを点検。肉にスモークの色がつき火が通ったらできあがり。

PART 2
囲炉裏を作ろう

目の前の小さな火を見つめながら
語り、笑い、飲み、食べる。
それだけでとても幸せだ。
手足が温まり、
顔がほてり、
ついでに心の中までも温まるようだ。

IRORI

静岡県浜松市●藤森邸

端材の木目を生かしたアイデアいっぱいの囲炉裏座卓

写真◎小山修司

天板は木目を互い違いにして市松模様に

「晩酌をするようになったのが、大きな変化でした」と話す藤森福夫さん。囲炉裏座卓を作ってから、それまでにない楽しみが生まれたのだという。「お餅を焼いたり、イカをあぶったりね」とかたわらで奥さんも笑った。

きっかけは仕事（建築設計士）で完成させた「木の家」だ。スギがふんだんに使われ、その一環として囲炉裏付きの座卓が作られた。むろんお客さんのものだが、見ていたら自分も欲しくなって自作に着手というわけだ。

炉の中は不燃材に包まれ、深さは約200㎜。耐熱塗料で塗装された真っ黒な色合いが引き締まった印象を与える。写真では直接灰を入れずに火鉢を介しているが、これは灰の始末が楽だからということで、性能に問題が出たわけではない。

デザインにも注目したい。木目の縦横を利用した天板の市松模様が実にアイデアフルだ。そしてこれなら短い端材をたくさん利用することができる。むろんそれにはある程度設備が必要と藤森さんは説明してくれた。材が細かいために必然的に増える切断作業にはスライド丸ノコ、正確に垂直断面を作る手押しカンナ、厚みを決める自動カンナは必須だったとか。

木のブロックが並んだ天板。厚みもかなりあるように見える。よほど重いだろうと思いきや…

製作者	藤森福夫さん、46歳、自営業
DIY歴	20年以上
製作費用	ほとんどかかっていない（端材利用）
製作期間	約7日間
主な材料	スギ材、ケイカル板、石膏ボード、耐火パテ、耐熱塗料

囲炉裏の構造

ケイカル板の炉。縁にある木枠は上下に分かれていて、上だけは取り外せるようになっている

軽い!安心! 多層構造で確実に熱を遮断

炉は不燃材を使っててていねいに仕上げてある。内側に5㎜厚のケイカル板、次に12.5㎜厚の石膏ボードを二重に、いちばん外側が12㎜スギ板だ。ケイカル板は耐火パテですき間もきちんと埋め、耐熱塗料で塗装した。「耐熱塗料」というのは、塗れば不燃材に早変わり…ではなくて、塗料そのものが熱に強いという意味合い。カー用品コーナーで探してみよう。

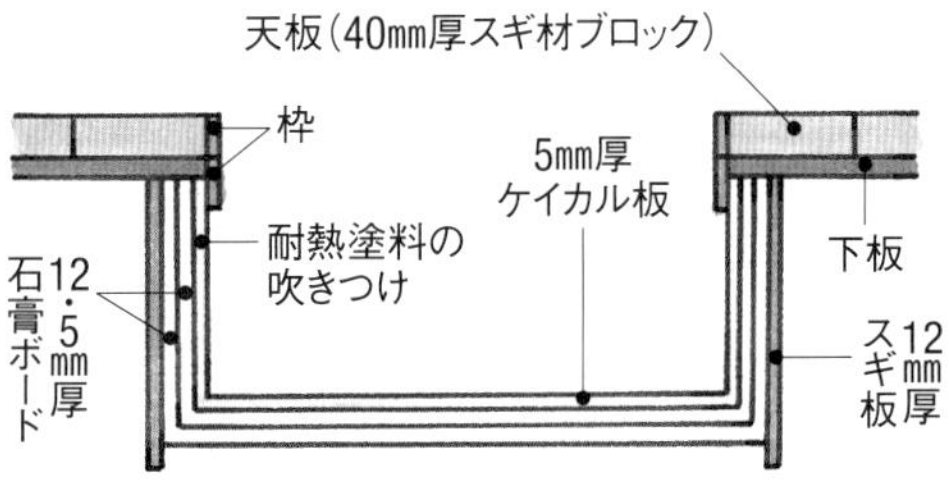

囲炉裏を楽しむ時間を大切にしたいと語る藤森さん夫妻

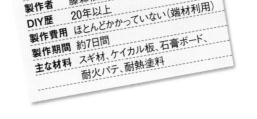

木の香りあふれる一室にスギ材の囲炉裏が溶け込んでいる。ちなみにこの部屋は、ときに音楽会の会場にもなる特別室だ

天板の高さが2段階に変更可能

実はこの囲炉裏座卓には仕掛けが多い。箱型になった脚部分は二分割でき、重ねると座卓からテーブルへと高さを変更できる。下に入るほうの脚部分は便利なキャスター付きだ。

「子供が小さかったので、安全のためにもテーブルの高さが理想だったんです。でもいずれはと思って工夫しました」と藤森さん。

それぱかりでなく、太い脚や厚い天板には隠されたからくりが施されていた。

天板のデザインになっている小さな正方形ブロックは全部取り除けるうえ、厚く見えた天板の縁は、実は薄い枠板が外周に取り付けられていただけの、いわば「見せかけ天板」。さらにてっきり角材と思っていた脚は、38㎜厚の材が2枚、直角に接合されているだけの「見せかけ角材」。取材中のスタッフは、あれよあれよと解体される囲炉裏座卓を呆然と見つめるのみ…。見た目には重々しく高級感にあふれ、機能的には扱いやすく身軽という、DIYのお手本のような作品だ。

多忙な毎日で、囲炉裏を楽しむゆとりがなくなってしばらく使っていなかったという藤森さんだが、構造やアイデアを説明していく表情には会心作への愛着があふれていた。夏場は炉をふさぎ、普通のテーブルとして使える。脚の箱部分はもちろん収納。いたれりつくせりとはこのことである。

同じデザインの脚を重ねることで、椅子で使える高さに変身する。こちらはキャスターで移動できる。脚の中は収納スペースに

これが基準となったスギ材のブロック。厚みが40㎜あって積み木のよう。面取りも完璧

スギ材ブロックを取り除き、軽くなった天板まではずし、このように炉だけに解体できる。これが大きなポイント

囲炉裏モードから
テーブルモードへ変身!

囲炉裏はやはり季節を選ぶもの。炉がお休みの間はそのスペースがちょっともったいない。そこでこの仕掛け。簡単に普通のテーブルに変えられる。藤森さんが発想した天板の幾何学的デザインは、このようなモードチェンジを見越したものだったようだ。炉をふさぎたくないときはアクリル板やガラスでフタをする手もある。

これが囲炉裏モード。正方形のブロックが合計16個。炉を囲むようにして天板ができあがっている

炉の縁にある枠を取り外す。枠は炉のサイズぴったりにカットされて、しかも45度の切断面を向き合わせた形だから互いに押し合って支えられ、クギなどで留まっていないのだ。簡単に取り外せる

炉の部分に下板をはめ込む。炉の内側に、目立たない程度の小さな受け金具が取り付けてあって板を支える

あとは簡単。天板の正方形ブロックと同じものを9個追加してはめ込んでいけば終了だ。気をつけるのは市松模様のパターンだけ

これがテーブルモード。変身は実に簡単なものだった。ブロック間の凹凸が気になるときは、上にガラスを置いて使えばいい

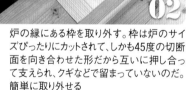

栃木県宇都宮市●岡本邸

車庫を改造し 石の囲炉裏が主役の くつろぎ部屋に

写真◎小山修司

大谷石と生コンで炉床を製作

長い間、囲炉裏が欲しいと思っていた岡本耕一さんが実現したのは、車庫スペースを使って作った囲炉裏のある7畳の部屋。

炉は大谷石で作られている。砕石とコンクリートで基礎を作り、大谷石を据えて固定。その上に炉縁となる角材が載り、これが高さの基準となって床がはじまるという作り。床板は2×4材。独特の丸い面取りが見えないので2×材に思えないのだが、なんと岡本さん、直角が出るまで面を削ったのだそうだ。その手間に見合う効果は大きく、地面に近くてもっとも冷えるはずの床が冬でも暖かい。

床板の下は合板を挟んで根太が入っているが、間には断熱材がぎっしり詰まっており、徹底したもの。

「大谷石の高さをそろえるのもたいへんでした。炉のほうがなんとかできたあとも、反りを矯正しながらの床板張りが待っていて、重労働でした」

言葉とは裏腹に、楽しそうに話してくれる岡本さん。囲炉裏は少年時代の原風景であり、若い頃に通った居酒屋の炉端焼きの味も製作の大きな原動力だったそうだ。

ひとりで座るのもよし。あらゆる面で岡本さんを突き動かした囲炉裏部屋は今や季節を問わず、暮らしの中心となっている。

大谷石で作った本格的な囲炉裏。炉縁を床とフラットにしたのはフタをして平らな床としても使えるようにしたため

フタを締めた状態。フタにも同じ2×4材の床板を張ってあるので、ほとんど目立たない。そのかわりフタは重くなった

製作者の岡本さん。蕎麦工房を営むが、囲炉裏は仕事の合間をぬってコツコツと作ってきた。食へのこだわりがあり、ホームページにはおすすめの囲炉裏料理が…

製作者	岡本耕一さん、57歳、自営業
DIY歴	20年以上
製作費用	約15万円
製作期間	約半年
主な材料	大谷石、2×材

囲炉裏の構造

床の下にちらりと見える大谷石。大谷石は炉縁の角材が完全に載るぐらい厚めのものを使っている

基礎コンを打って地面から立ち上げる独立した炉

使われている大谷石は900×300×厚さ150㎜という大きなサイズ。その上に炉縁が載ってそのまま床になる。枠がついているのは、フタを受けるためだ。石は生コンの上に据えることで高さをそろえてある。中にコンクリート片や割れブロック等のガラを入れてかさ上げし、さらにコンクリートを流して底を作った。深さは約200㎜に仕上がっている。

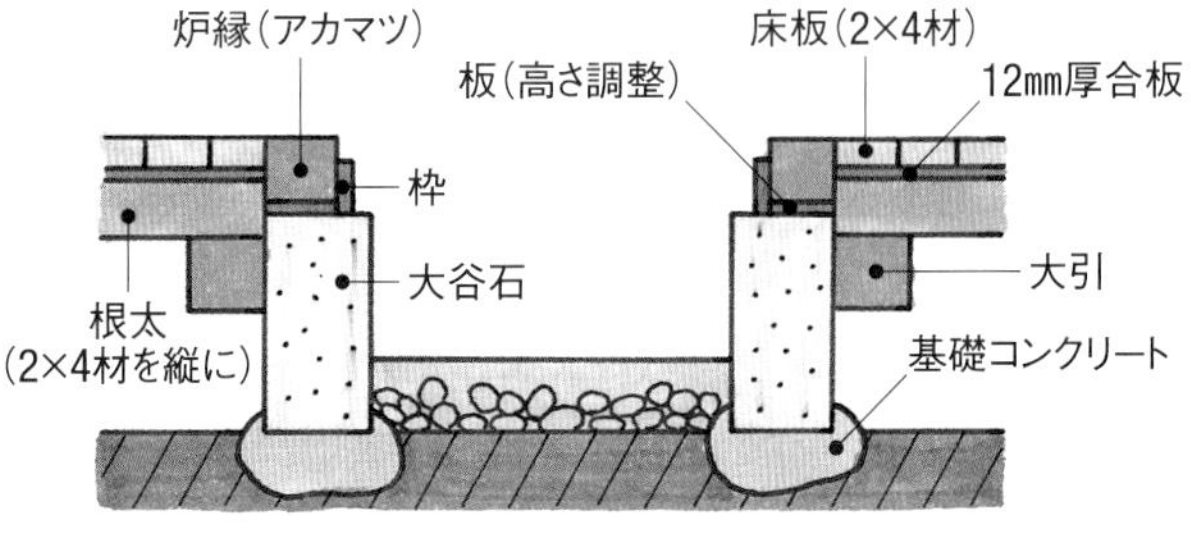

もとは車庫でしたといっても誰も信じない囲炉裏部屋。右側の戸はキッチンの窓で、宴会時の食材の受け渡しに便利

製作者　青木正春さん、48歳、会社員
DIY歴　約5年
製作費用　約15万円
製作期間　約10日間
主な材料　2×材（SPF）、大型ブロック、鉄筋、金属平板、アングル

埼玉県熊谷市●青木邸

DIYの構想を練る工房隣接の囲炉裏デッキ

写真◎佐藤弘樹

火床は鉄板と鉄筋を溶接して製作

青木正春さんの囲炉裏デッキは、工房の裏手にある。そこはもう母屋からも見えないし、外からも木々にさえぎられていて見えない、独立性の高い空間だ。気心の知れた友人たちと火を囲んで飲むのはもちろんだが、「考える場所」として囲炉裏はもってこいだと、青木さんのお気に入りの場所になっている。

木工作業の途中で行き詰まったときの気分転換にも大きな助けになるという。製作から数年が経過して庭はあちこち様変わりしたが、囲炉裏デッキだけは少しも変わらずにある。

「決してそんな、難しいことはしてないんですよ。自宅の塀に使われた大型のブロックがちょっと余っていたので、ああこれなら炉ができるな、と。普通のブロックでは深さ（幅）が足りませんが、これは30㎝ぐらいありますから」

と青木さん。単純な囲炉裏よりもデッキの水平出しのほうが大変でしたよと笑っている。

炉のブロックはコンクリートで固定してあって、中に置いた火床は鉄筋と平板を溶接して自分で作ったもの。中央をさらに掘り下げてあったが、数年使ううちに灰がたまってすっかり埋め戻されてしまった。竹の自在鉤も自作で、これはチェーンを使ったオリジナル。

囲炉裏の構造

門塀に使う大型ブロックを炉縁に

幅が30㎝程度ある大きな門塀ブロックを4つ向き合わせて、それがそのまま炉になった。基礎はコンクリートで固めてあるが、さらに周囲を針金でぐるぐる巻きに。深さを気にして、ブロックに吸気口をあけようとしたが「固くて途中でやめてしまいました」と苦笑い。しかし性能は穴なしでも十分だった。

45㎝四方足らずの炉。火床に炭を置き、鍋や鉄瓶を自在鉤から吊って使う

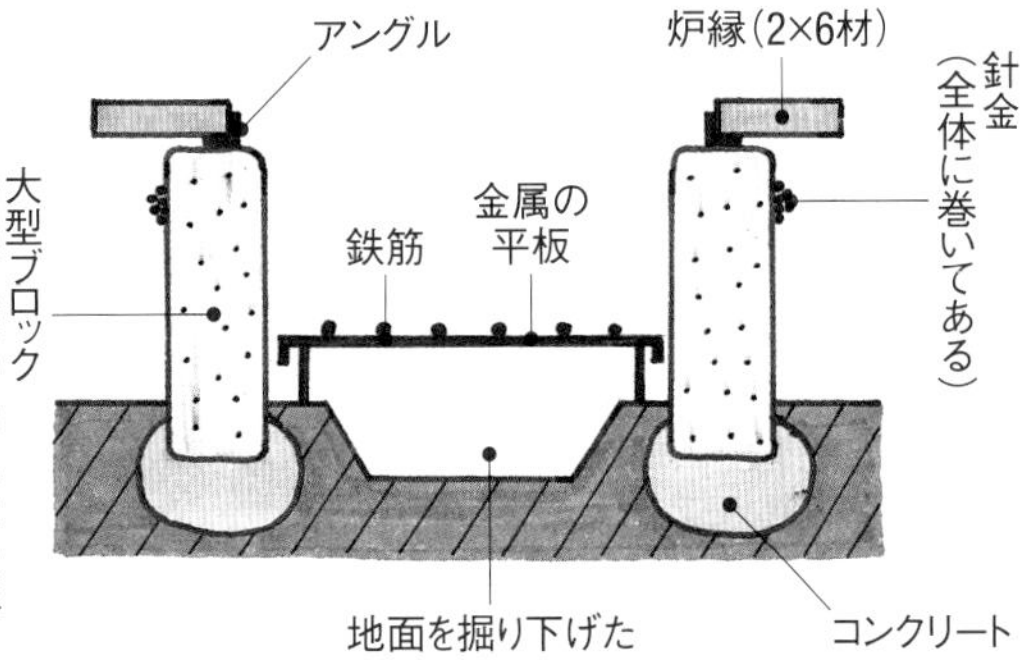

炉縁はデッキよりやや低い。2×6材をアングルで留めている

屋外には梁がないので、隣の工房からこうして自在鉤を吊っている

竹のデッキを計画中の青木さん。囲炉裏がその構想の場だ

右側が工房の壁面。写真左手も手前も木立があって遮断されている。広い敷地の、盲点のような一隅に囲炉裏デッキは作られた。ひそやかさと情緒がマッチ

兵庫県加東郡●吉田邸

古いシンクを再利用したローコスト囲炉裏座卓

写真◎清水良太郎

フタをしてしまえばフラットな通常のテーブル状態

炭の面倒を見るのは楽しいひとときだ。「雑誌の囲炉裏キットの記事を参考にしたんですよ」と吉田さん

フローリング材や集成材、炉はキッチンのステンレスシンク！

どっしりした天板に囲炉裏がよく似合う、吉田正さん製作の座卓。本当は一枚板を天板に使いたかったのだが、高価なので、2×10材の接ぎ合わせという方法をとった。裏から2×4材で打ち留めて接いである。反りなどはカンナで削って対処。さらに集成材を重ねるともう2×材の印象は払拭され、厚い天板ができあがったというわけだ。ウレタンニス4回塗りという仕上げもお見事。

さて、この囲炉裏には意外な素材が材料に使われている。外から見えない炉の部分だ。実はステンレスシンクである。10年前のリフォームの際出たものだという。思わぬところで再利用された。

「シンクの余計なところを切断するのにジグソーを使ったんですが、刃を3本も折ってしまいました」と苦戦ぶりを吐露。板金技術がないままの銅版加工も、苦労したことのひとつ。

しかし、家族の評判は上々。とくに脚の部分に作った小引き出しは市販品にはあまり見かけないものだと吉田さん自身も会心の笑み。囲炉裏を中心に、家族で鍋料理を囲んだり、お茶やコーヒーをここで入れたり、一家団欒のひとときを楽しんでいる。

製作者	吉田正さん、58歳、会社員
DIY歴	約4年
製作費用	約9800円
製作期間	約1カ月
主な材料	垂木、集成材、2×材、フローリング材、銅板、ステンレスシンク

集成材と2×10材を合わせた天板は厚みが出て高級感がある。塗装は4回塗りとあって美しい

囲炉裏の構造

ステンレスシンクをベースに銅板を

垂木で作った台の中に、シンクがすっぽりおさまっている。その中にひとまわり狭く、銅板がぐるりとまわっているような構造をしている。銅板とシンクの間に空間がある点が大きく、この空間層による断熱が安全性を高めてくれる。底はシンクの底だ。

銅板の曲げ加工に苦労したという

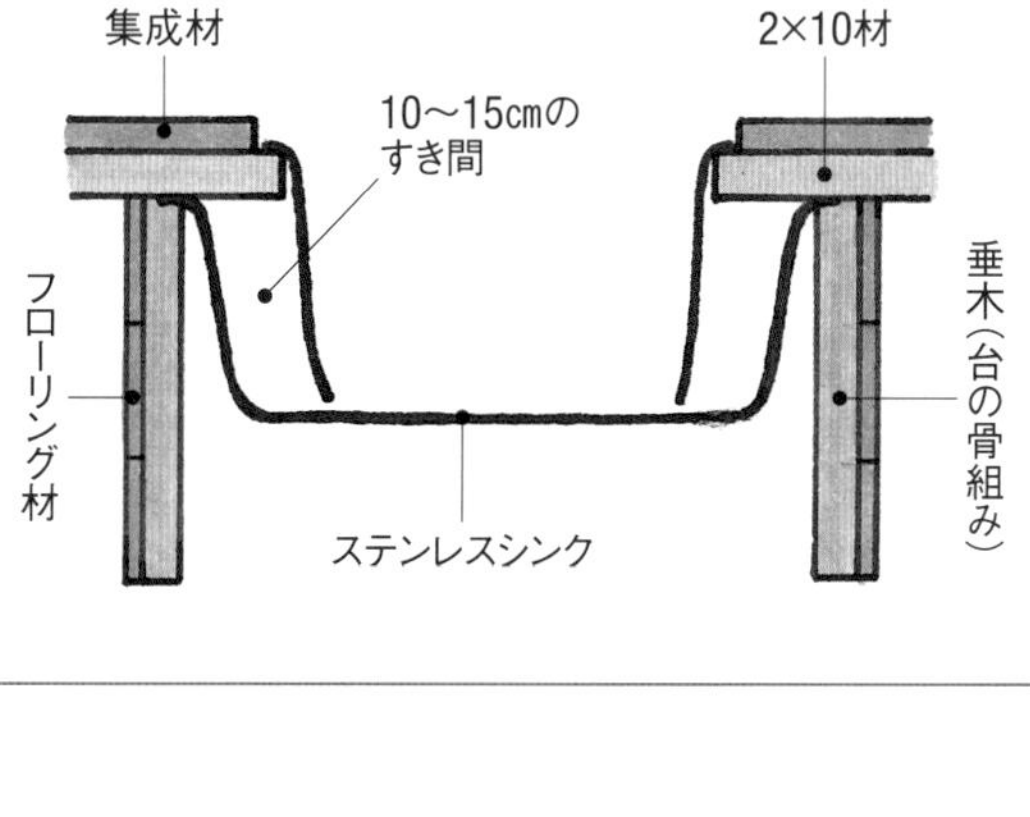

脚の箱部分に小引き出しをつけた。ここは吉田さんのお気に入り

深さのある本格的な囲炉裏ができた。銅板は側面だけなのだが灰があるので見えない

脚はもらいもののフローリング材を使った。天板下に見える角材は2×10材を接いだもの

囲炉裏デッキがエスカレートして風雅な囲炉裏庵に

神奈川県川崎市●清水邸

写真◎長野浩之

これが窓が閉じた状態だが、手前の柱に注目。上開きでぱっくり開き、柱に支えられてカウンターになる

休日は庵でくつろぐ清水さん。「見てて飽きないというか、ほんとに楽しいですよ。囲炉裏って」と大満足

無双窓を閉じた状態。主に1×4材を使い、ほとんど現物合わせで作った

窓を開き、カウンターにした状態。庭に向いているので気兼ねなく楽しめるし、何より開放感がポイント

コンクリート平板を組んだシンプル構造の炉

庭の隅に建てた2畳の小屋。ご自身の名前にちなんで「則庵（のりあん）」と呼ぶこの別邸（！）には囲炉裏が備わっている。ホームセンターでも手に入る長方形のコンクリート平板を組んだ、シンプルな炉だ。「本当は囲炉裏デッキのつもりだったんです。でもたまたま丸太の柱が手に入ったので、屋根をかけようと。それなら壁も立てようと。それなら窓も作ろうと（笑）」

ついに図面は一度も描かずに完成させてしまったというツワモノの清水さんだ。大人4人で鍋を囲むことができるし、お正月には奥さんと、ここでお餅を焼いて過ごすというからうらやましい限り。

この一棟の特徴は、囲炉裏装備のほか、壁一面がそっくり大きな扉となって開放できる点。和の雰囲気を重んじて、窓は、縦板を重ねたりずらしたりして開閉する無双窓とした。炉端に座って見上げたときの景色が気にいっている。

丸太柱をノミで切り欠いて建具や壁をはめ込んでいる。旅先で見た寺や神社の記憶を頼りにして接合。清水さんはノミが大好きなんだとか

囲炉裏の構造

平板に砂を入れただけの炉。気軽に挑戦できそうだ

コンクリート平板を使って

床の束柱と抱き合わせるようなスタイルで、コンクリート平板を立ててある。平板は600×300×60㎜厚サイズがちょうど使えた。底面や、平板の基礎は生コンで作られ、川砂を入れてかさ上げしてある。たまった灰は畑の肥料に利用しているという。

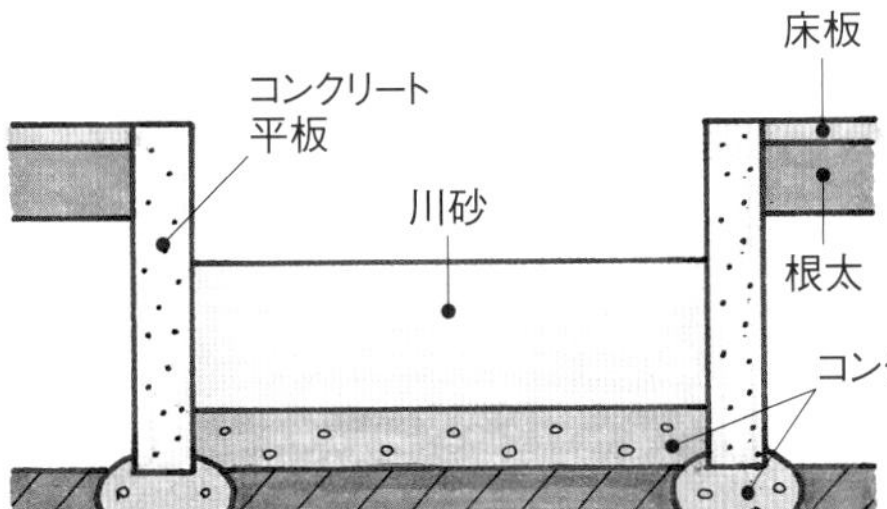

1・8m四方の小さな庵だが、各コーナーに座ると4人で十分囲炉裏を囲むことができる。思い出の写真が飾られ安らぎの囲炉裏庵

製作者	清水則男さん、55歳、教員
DIY歴	10年以上
製作費用	約10万円
製作期間	約3カ月
主な材料	2×材、コンクリート平板、川砂、セメントetc.

福岡県行橋市●白石邸

カセットコンロでも楽しめる高品位の囲炉裏座卓

写真◎竹内美治

たいへんだった銅板の加工

大勢で鍋料理を囲める大きさを考えて作ったという囲炉裏座卓。全長は1230㎜になった。

製作者の白石和裕さんは、センダンの木にこだわり、あえてこの堅くて重い木に挑戦している。その結果、品格と迫力を備えた囲炉裏座卓が完成。

炉の中には、銅板が張ってある。指紋をつけないようにしながら、力のいる板金作業をするのはたいへんだったようだ。

「銅で断熱してあるんですが、まだ灰も炭も、入れたことはないんです。いずれはと思っていますが、これ実はカセットコンロ用に作ったんですよね」

確かに炉のサイズはカセットコンロにぴったり。炉の中に架台を据えて、その上にコンロを置く。コンロ上が天板とフラットになるよう考えた高さなので、鍋が高くなったりせず、とても使いやすいのだ。囲炉裏、カセットコンロ、どちらも使える上、フタを閉めれば普通の座卓だから全部で3役である。

工夫した点がもうひとつ。天板と本体とで分割できる点だ。かなり重くなったために施した工夫で、ばらせば移設も簡単。

最後に気になる塗装だが、これは柿渋だそうだ。重ね塗りで好みの濃さへ近づける。匂いはあったが1週間ほどで消えるという。

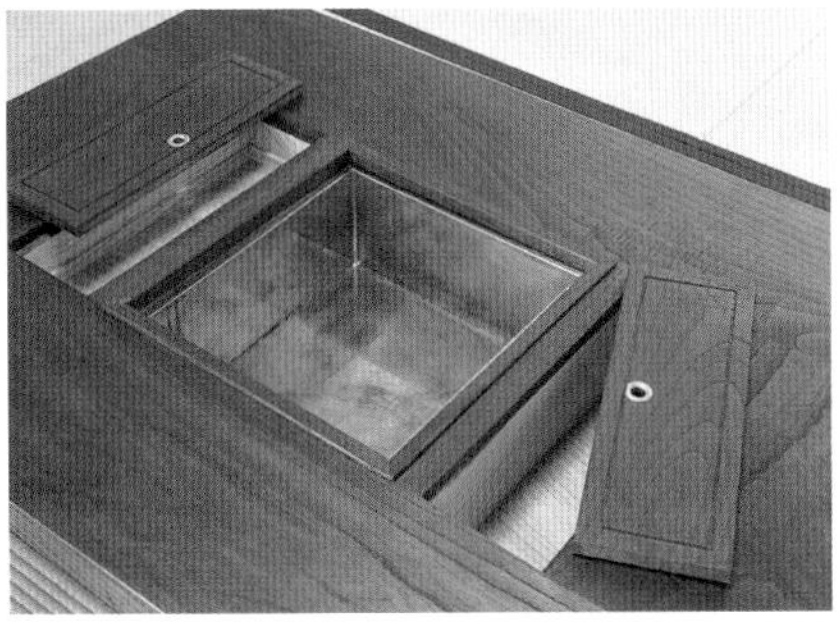

箱型の脚を利用して、収納箱も取り付けた。これはかなり重宝するそうだ

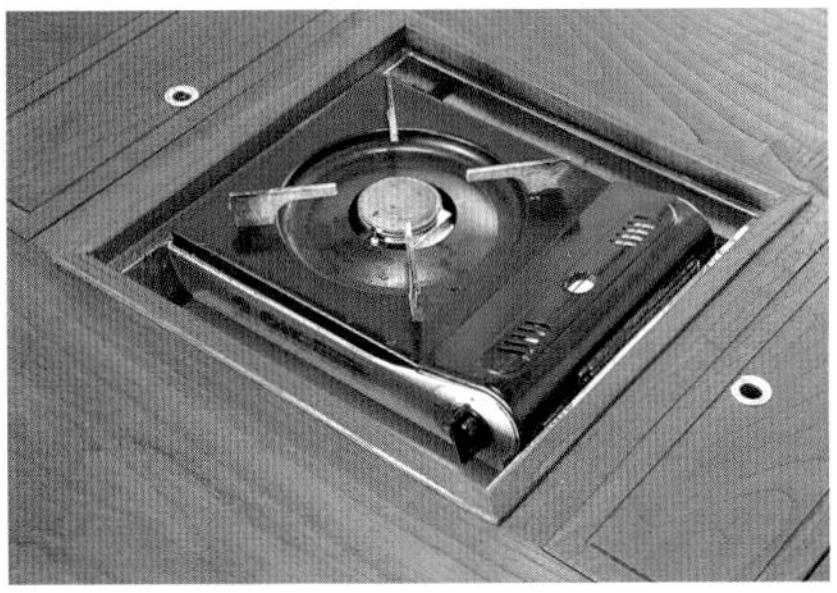

カセットコンロがぴったりおさまる大きさ。下の架台を底上げして、天板とそろう高さにした

箱型の脚ももちろんセンダンの木。美しい木目が印象に残る

収納箱と炉にフタをしてしまえば普通のテーブルとして使える。持ち手用の、金具のはまった穴がポイントに

天板は取り外せるようにした。総重量が40kgを越えてしまったがばらして運べる

囲炉裏の構造

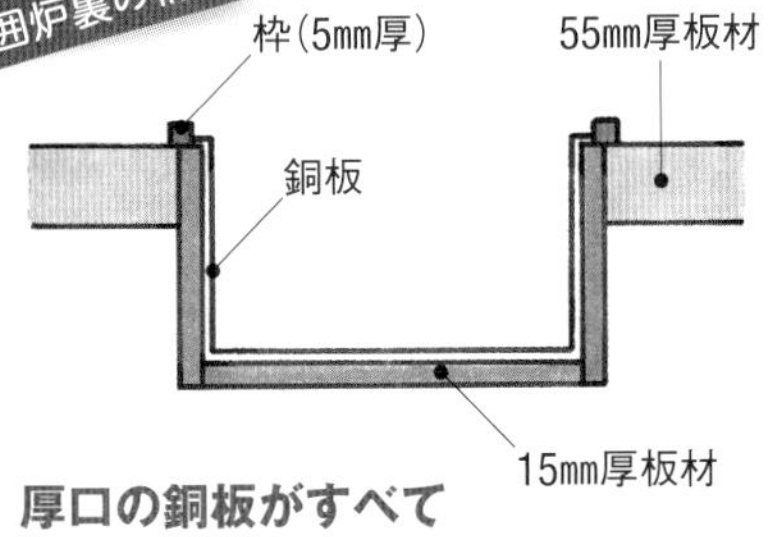

厚口の銅板がすべて

天板などに使ったセンダンの板材で、炉の箱部分も作られている。中面はすべて銅板だ。折り曲げる板金作業もたいへんだし、取り付けにも迷うことが多かったという。端は、枠の中に折り込むことでうまくおさめた

和の雰囲気いっぱいのひと部屋を増築したのがきっかけだった。「似合う家具が欲しい」。それが囲炉裏座卓へつながった

製作者	白石和裕さん、41歳、公務員
DIY歴	約15年以上
製作費用	約4万5000円
製作期間	約1カ月
主な材料	センダンの板材、銅板

千葉県我孫子市●寺田邸

DIY仲間の飲み会で大活躍の囲炉裏部屋

写真◎高島宏幸

年季の入った自在鉤。近くの古道具店で見つけた

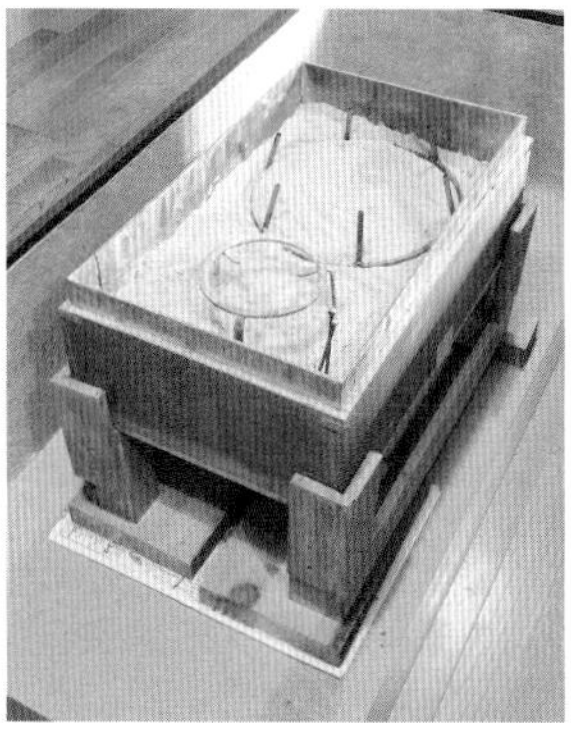

コンパネと断熱材（ケイカル板や銅板）で作った炉。串を立てるための金物はメンバーが製作した

約6畳のスペースになっている囲炉裏部屋。奥のドアをあけると屋台村につながる

囲炉裏部屋の入口に掲げられた看板。「きらく庵」とある

土間の納屋を大改造

地元のDIY仲間が集まってできたグループ「TEAM TEDS」が作った約6畳の囲炉裏部屋。元々納屋の土間だったスペースに床を張って部屋を作り、部屋の中央に掘りごたつのような約1畳サイズの炉を設置した。

その中にコンパネと断熱板などで作った火鉢のような箱を置き、多人数が周りを囲める囲炉裏とした。内装も障子を入れるなどして、純和風の演出を施した。近くの古道具屋で見つけてきたという自在鉤もちゃんとある。

「じっくり飲むなら、やっぱりこういうところじゃなきゃ。でも、飲み過ぎてそのまま寝込んでしまうメンバーもいるんだよね」、とグループの代表の寺田悟志さん。

これまで、仲間とバーベキュー台やベンチ、バーカウンター、寿司屋台などを作って、宴会を楽しんできたが、この囲炉裏部屋もそんな楽しいDIY作品の延長線上にあるようだ。

囲炉裏の構造

二重の天板は、ダボを使用して上下の天板を固定している

あぐら&掘りごたつ形式の囲炉裏

約40㎝高の床中央に1畳分の炉を作り、コンパネと断熱材で作った火鉢のような箱を内部に設置。バーナーで焼き目をつけた天板を載せて完成。あぐらをかくか掘りごたつのようにするか迷った末、囲炉裏の長辺にあぐら、短辺に足が入るようにした。

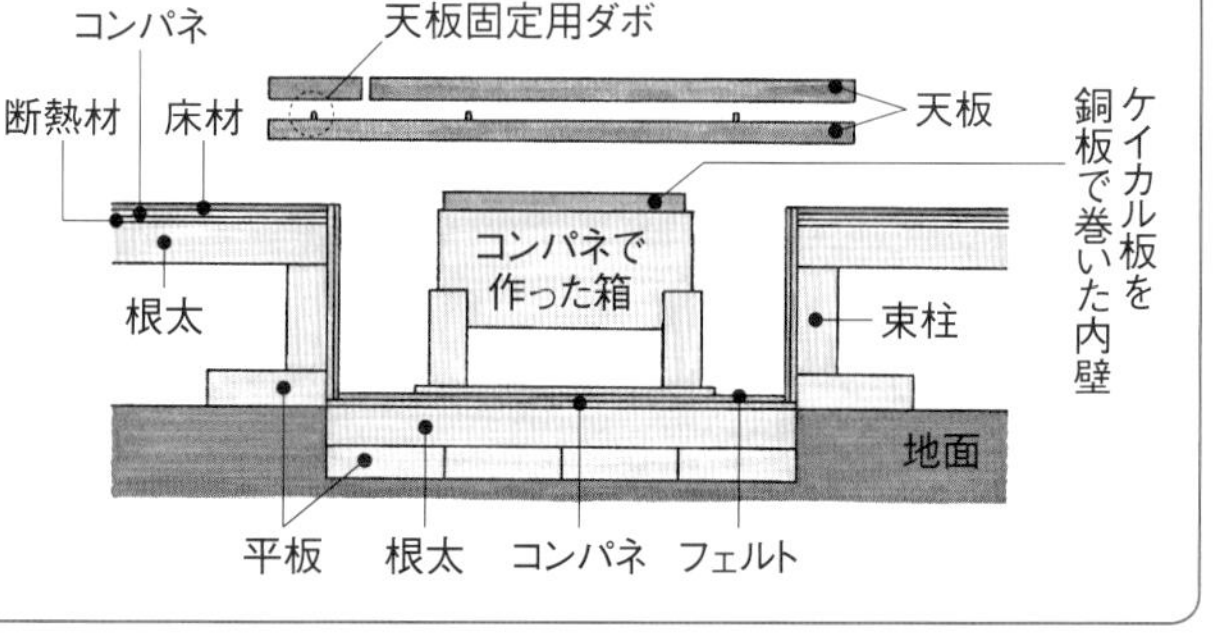

製作者	寺田悟志さん、49歳、会社員
DIY歴	11年
製作費用	約3万円
製作期間	5日間
主な材料	スギ材、2×材、コンパネ、床材、断熱材、フェルト、ケイカル板、銅板、平板etc.

古民家調に仕上げられた寺田さんの囲炉裏部屋。天井の太い梁は納屋のものを生かした

北海道札幌市●沼田邸

庭に作った楽しい隠れ家は純和風の囲炉裏付き

写真◎松尾啓司

火棚は2×材を格子状に組んで作られた。庭の雪囲い用の竹を使った自在鉤もDIY

スライド式のドアを開けると開放的な雰囲気になる。中央に写っている自在鉤の魚は2×6材を2枚合わせにしてサンダーで削って製作した

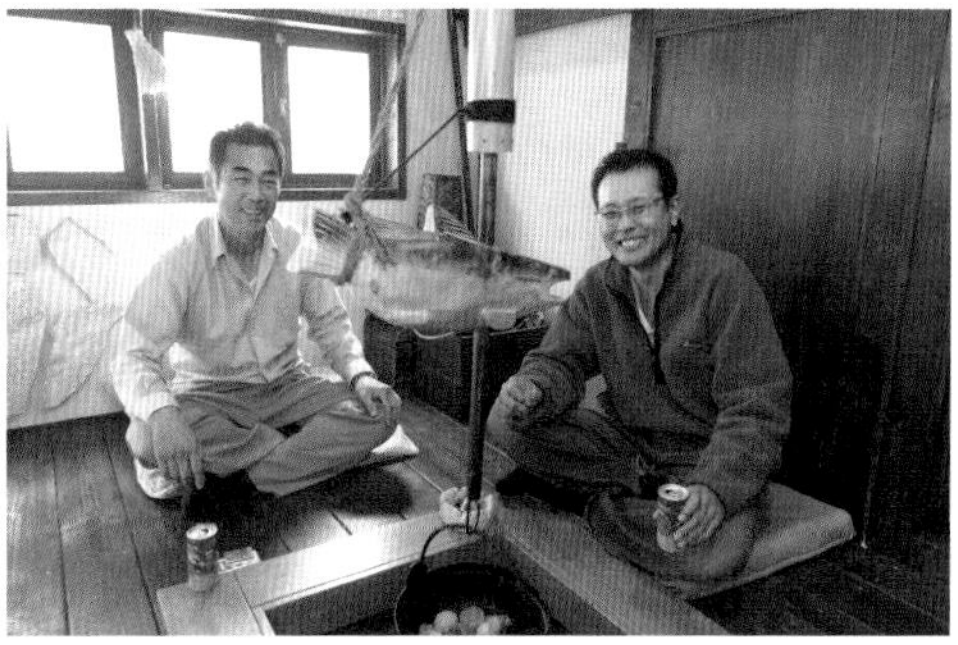

写真左が施主の沼田慶憲さん、右が製作者の後藤直哉さん

出入り口をふたつ作った囲炉裏小屋。外壁は、上部をOSB合板、下部を羽目板で仕上げた

囲炉裏の構造

自然石は振動ドリルで穴をあけ、合板にビス留めした

床板を隠すために、炉縁の内側に1×4材を張っている

枠に組んだ合板が炉

後藤さんが作った囲炉裏の炉は、枠に組んだ合板。合板が焦げたらスレート板を張ろうと考えていたが、とくに問題なく使えるためそのままにしている。また、合板を隠すために、ごつごつした質感の平らな自然石を炉に張り付けた。ダルマストーブの炉壁に張った石と同じもので、部屋のデザインによく似合う。

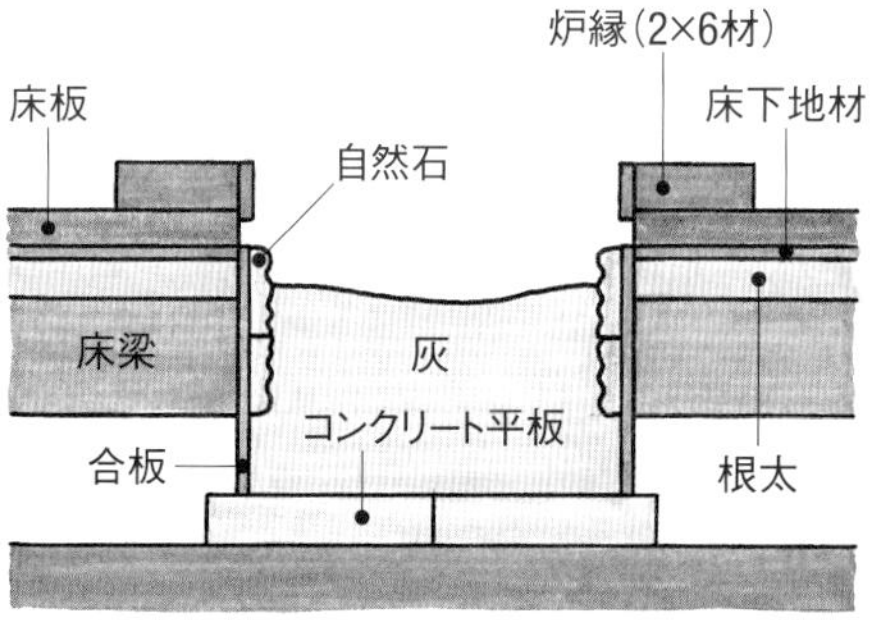

製作者	後藤直哉さん、37歳、会社員
DIY歴	3年
製作費用	41万円（小屋含む）
製作期間	32日間
主な材料	2×材、合板 コンクリート平板、自然石etc.

部屋の外観は洋風中は和風に

仕事で付き合いがある後藤直哉さんと施主の沼田慶憲さん。この囲炉裏小屋は、沼田さんの庭に後藤さんが製作したものだ。『ドゥーパ！』で紹介していた古民家の囲炉裏を見た沼田さんが「こんな隠れ家風の場所を自宅に作れないものか」と後藤さんに相談。後藤さんは、ガレージ小屋をＤＩＹで建てた経験を生かし、図面を引き、施工まで行なうことにした。

沼田さんの庭は、レンガのペイビングや西洋芝が敷かれた洋風のデザイン。そんな庭にあわせて小屋の外観を洋風に、囲炉裏を設ける室内のみ和風に仕上げる。小屋を完成させ、囲炉裏作りを行なう。

囲炉裏も図面に起こしていたが、納得できるサイズではなかった。最終的に、「沼田さんにあぐらをかいてもらって、寸法を出しました」と後藤さん。寸法は、縦横ともに５３０㎜にした。寸法が決まったところで、床をくり抜き、合板を四角に組んだ炉を取り付け、底には平板を敷いた。炉縁に２×６材を取り付け、囲炉裏が完成する。

後藤さん製作の囲炉裏小屋に大満足の沼田さんは、「仕事から帰ってきて、晩酌を楽しむのはここ。あまりに心地よくて、そのままうたた寝するなんてしょっちゅうです」と、満足そうに話してくれた。

手作り囲炉裏ウオッチング

自在鉤のぶら下がった和室の囲炉裏。
焚き火感覚で遊べるガーデン囲炉裏。
手作りすれば夢もアイデアも思い切り詰め込める。
試行錯誤を楽しみながら生まれたDIY囲炉裏には
ユニークなヒントがいっぱいだ。

火鉢の囲炉裏テーブルで鍋をつつこう

家の奥に眠っていた昔の火鉢。それがすっぽり収まる箱を組み立て、天板をつけて、ケヤキ調に仕上げたのがこちらの作品。家族で鍋を囲むのにもってこいの囲炉裏テーブルへと生まれ変わった。キャスター付きで移動も楽々

カバーを閉めるとフラットなデッキに。アイアンの蝶番が効いている

和風モダンな枕木デッキの面白ギミック

ガーデンのメインに設置した枕木のローデッキ。枕木で囲んだスクエア空間にコンパクトなレンガ囲炉裏を設け、アウトドアで楽しめるあったかスペースが完成。4枚ついた三角形のプレートは扉式のカバーで、開けても閉めてもおしゃれ

ざっくり感がうれしい、石積みのガーデン囲炉裏

こちらに使われている石材「タフ・ステンストーン」は、長辺が370㎜とかなり大ぶりで、耐火性が高いのも特長。ざっくりした質感がガーデン囲炉裏にぴったり。施工場所を少し掘り下げてモルタルで基礎を打ち、石材を積む。野外なので炉の底には雨流れの穴をあけてある

シンプルデザインの ファイアースペース

枕木を敷き詰めたガーデンによく似合うシンプルなガーデン囲炉裏。実は枯れ松を伐採した後の穴を火床にして製作された。周囲のステップがベンチ代わりになって、囲炉裏を中心に自然と人が集まる空間になっている

洋間にも合う 優雅な囲炉裏テーブル

昔の箱火鉢（長火鉢）に、脚と炉、そしてモミジとケヤキの豪華な天板を取り付けた囲炉裏テーブル。室内に調和したデザインが見事で、高さもリビングのチェアに合わせて設定してある。自在鈎が自由に動くよう天井にはレールを設置し、使い勝手も最高

自作の自在鈎で囲炉裏ムードがアップ。竹の魚もユニーク

炭火焼き、溶岩焼き、どっちも旨い“男の囲炉裏”

牛の水飲み桶を再利用した大型の炉がポイント。スペースの広さを生かし、半分は炭火、半分はガスコンロ＋溶岩を置いて溶岩焼きと、両方楽しめる囲炉裏テーブルになった。部屋の床をくり抜いた土間部分に立ち上げたので、掘りごたつのように足元もあったか

2×6材を並べた大型テーブルの中央に炉を装備

大勢で囲めるテーブルは、中央にアングル枠の炉をもつ囲炉裏テーブル。火をおこせない場合もレンガを置いてコンロ台にすれば囲炉裏風に楽しめる。炉の素材はトタンで、熱がたまらないよう底の木部はスノコ状

池を再利用して みんなの囲炉裏スペースに

もともと池だった場所をベースに赤レンガを積み上げて作った囲炉裏。八角形のテーブルを大勢で使えるパーティースペースだ。炉に空気が入るよう、すき間をあけながら積んだのが功を奏し、炭のおこり具合がちょうどいい

フタを閉じると広いテーブルのようにも使える

異素材のコントラストを楽しむ枕木囲炉裏

存在感のある枕木を使って周囲を囲み、大谷石を並べて火床を作ったガーデン囲炉裏。周囲の三角形の板はレッドシダーで、異質な素材が互いに引き立て合う見事な調和がインパクト抜群。レッドシダーは蝶番で固定され、開閉式のフタに

ログ風の重量感が魅力の囲炉裏テーブル

頑丈さを求めて製作された2×4材のログ組みテーブル。炉はステンレス板を箱型に溶接して作り、内側にレンガを並べている。天板も合わせて全体がきっちり2×4で組み上がっているので相当な重量になり、安定感抜群

格子の炉棚が渋い野趣あふれる“レストハウス”

野外囲炉裏でも上から自在鉤を吊るせるように、炉棚を作りつけたアウトドアスペース。廃材を利用し、接合にはカスガイを打ちつけてワイルドに仕上げてある。屋根の中央をあけて煙抜きにしてあるのもポイント

差し向かいがちょうどいい座卓型囲炉裏

廃材を使いながらツヤのある仕上げで高級感を出した、座卓型のコンパクト囲炉裏。炉は天井用の不燃ボードに銅板を張って製作してあり、底に耐火レンガも使用。炉にはめ込んでテーブル面を広げられる板も別に用意してある

枕木テラスに溶け込むファイアースペース

重厚感あふれる枕木ガーデンに彩りを添える、明るいカラーのレンガ囲炉裏。炉の中は砕石を敷いただけのシンプルな作りだが、焚き火やバーベキューなどを楽しむには十分。一辺がレンガ2.5個分しかないコンパクトさも、ガーデンの新アクセントにうってつけ

内装から改造した昔ながらの囲炉裏部屋

室内まるごとリフォームして製作した伝統的な囲炉裏。床をあけて作られた炉は、耐火レンガを底にしてブロックを立ち上げ、乾燥した泥土でカバーすることで昔ながらの風合いに。また一部には掘りごたつ風に足を入れるスペースを作り、楽に座れる席も設けた

囲炉裏端の温もりを思い出す大型炉のテーブル

ヒノキ材で組んだ本体に、銅板で作った大きな炉。内側にぐるりと打たれた鋲が印象的な、迫力の囲炉裏テーブルだ。炉が広いので大勢でも安心して使えるうえ、床に作った囲炉裏さながらに周囲がよく暖まるのも特長。晩酌スペースに最適

手作り囲炉裏基礎講座

囲炉裏作りに挑戦するには、
その構造を知り、確実なプランを立てる必要がある。
とくに断熱については気になるところ。
炉はどう作る? 自在鉤ってどうなってるの?
知って得する囲炉裏の雑オロジー。
夢に見た囲炉裏ライフに向かって
DIYの前にはぜひ一読を!

床の囲炉裏とテーブル型囲炉裏を比較
床に埋め込む? 座卓に作る?

囲炉裏と聞いてすぐ浮かぶのはやはり、床にあいた四角い穴に灰があり、中央に炭火がおこっているイメージだろう。灰や炭の入る部分を「炉」といい、炉のスペースを作ることを「炉を切る」と言い表すことが多い。こうした埋め込みタイプの囲炉裏に加えて、本誌では、座卓の中央に炉を切った「囲炉裏座卓」も広く囲炉裏として扱うことにする。

　さて手作りの観点から、埋め込みタイプと座卓タイプを比較してみるとどうだろう。埋め込みタイプのほうは、既存の床に穴をあけるという大工事にまず決意が必要。また移動ができないため部屋の換気が絶対条件になる。煙やにおい、防火対策、さらに一酸化炭素警報器の設置なども考えなければならない。ただ、セルフビルドで趣味の囲炉裏小屋を作るなど、まるごとＤＩＹするなら各種の条件クリアはそれほど困難ではないはず。雰囲気重視を貫くなら埋め込みタイプだ。

　一方、座卓タイプは床面を加工するわけではないので、より気軽に着手できるはず。独立していて移動できるからデッキや屋外での使用が可能で、背の低いバーベキューテーブルとしても使えることがメリットとなる。持ち運びを考えて作ればキャンプ道具に加えることもできそうだ。炭だけでなく薪でも使える。

　床に座って囲炉裏を楽しむか、囲炉裏座卓を楽しむかはお好み次第。ただＤＩＹでということならば、座卓タイプのほうがハードルが低いことは確か。

座卓タイプの構造例

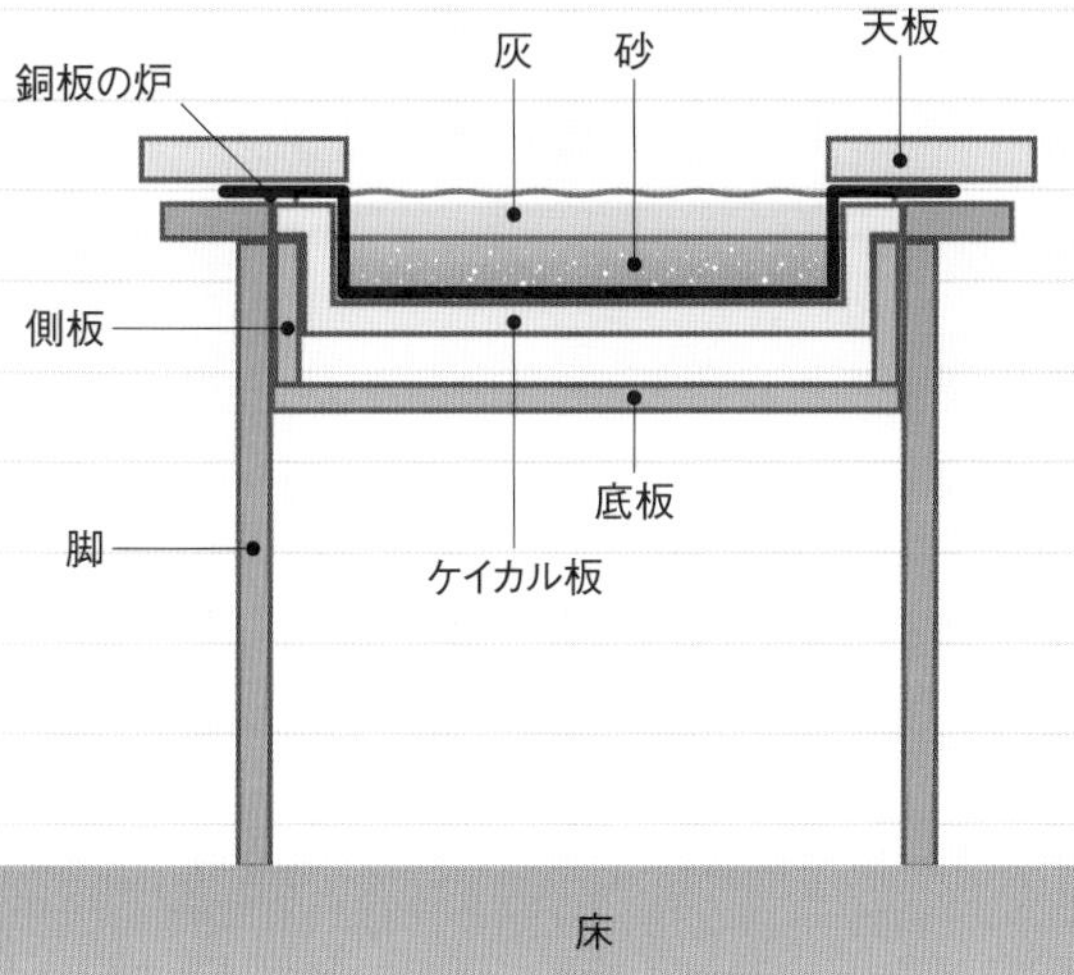

埋め込みタイプの構造例

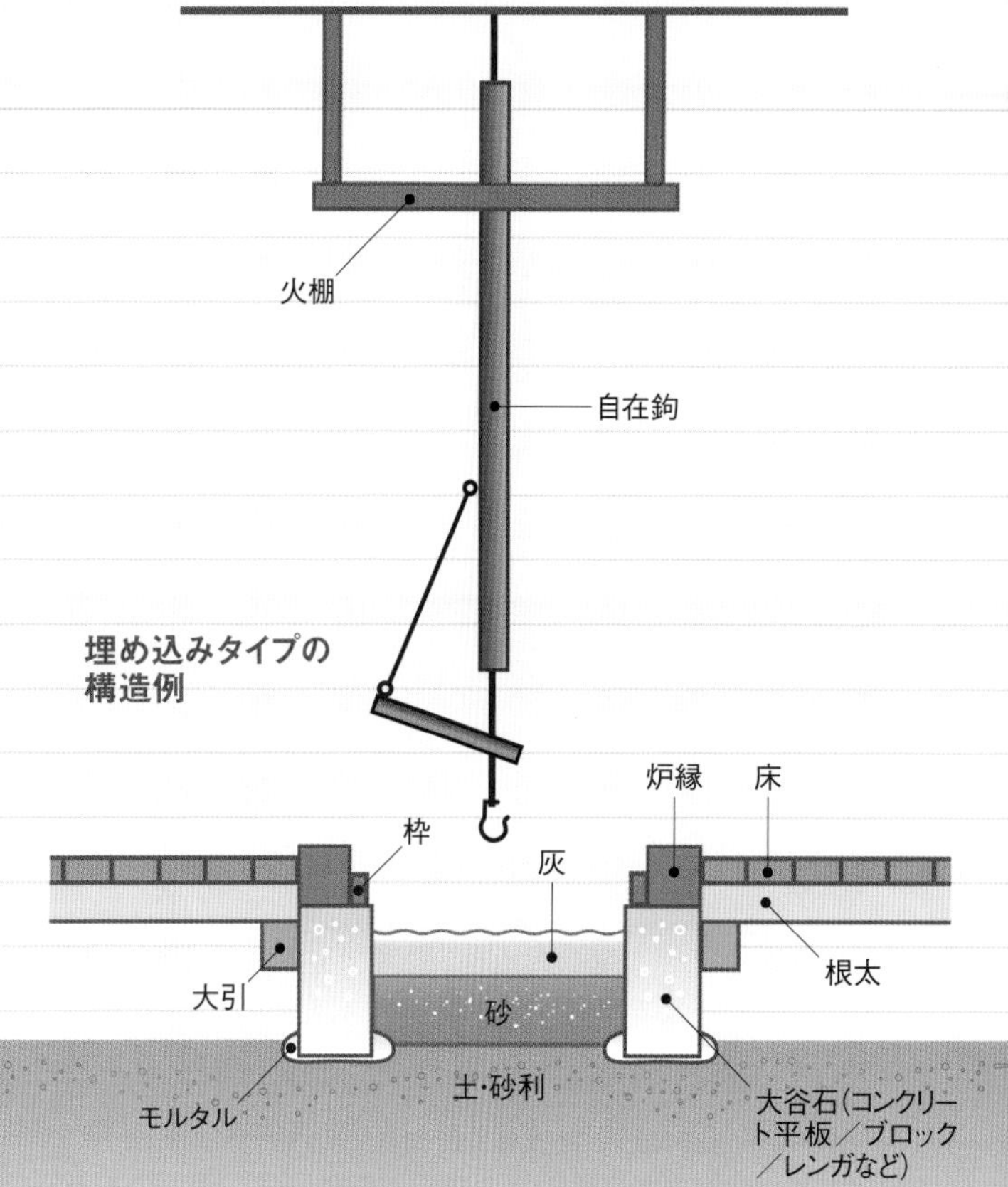

[座卓タイプ]

メリット

気軽にDIYに挑戦できる
移動できて幅広く使える
炭も薪も使える

デメリット

囲炉裏の雰囲気が出にくい
移動式はサイズが限られる

[埋め込みタイプ]

メリット

昔ながらの雰囲気を楽しめる
大型の炉も実現可能
いつでもすぐ使える

デメリット

床板の加工に覚悟が必要
炉を移動できない

座卓タイプの例

埋め込みタイプの例。一部掘りごたつ風になっている

断熱を考えた炉の仕組み

炉の構造は？素材は？

埋め込みタイプの場合、炉は地面から立ち上がるのでブロック積みやコンクリート平板、耐火レンガ、あるいは耐火性のある石材（大谷石など）を使うことが多い。床下の土や砂利を露出したままにすることは、大雨のときなど地面からの湿気で灰が湿ってカビの原因になったりするので避けたい。

座卓タイプの場合の炉は、耐熱ボードを金属シートで包んで使うのがおすすめ。ホームセンターで扱っている耐熱ボードとしては厚さ5～6㎜のケイ酸カルシウム板（ケイカル板）が一般的。ケイカル板は値段も手頃だし、目の細かいノコギリで簡単に加工できる。ただし割れやすいのでビス打ちは必ず下穴をあけてから行なうこと。金属シートは、銅板が手に入りやすい。0・3㎜厚程度の薄板なら金切りバサミで簡単にカットできる。

また埋め込みタイプでもテーブルタイプでも、コストに目をつむれば、鉄製の炉を購入するのも選択肢のひとつになる。板厚7㎜の鉄製で、516×516㎜サイズ、深さ170㎜で6万3000円という商品もある。

断熱については、もっとも確実なのが空気層。だから炉全体を空気層で包むような構造にするのがベストだ。また炉の底に防犯砂利のような軽石を敷き詰めるのも空気層になる。

砂を入れるのも断熱効果につながるアイデアだが、湿気は大敵なのであらかじめよく乾燥させてから使うこと。まずは砂で底上げして、その上に10㎝程度の深さに灰を入れる。

炉のサイズは、なるべく広くて深いほうが安全。手作りするならできれば50㎝四方の広さと、20㎝の深さを目安にしよう。ただし座卓の場合は底面が床に近くなるので注意。

また、火がすぐに消えるトラブルをかかえてしまったら、炉の中に通気口を備えると解消できることがある。

囲炉裏製品メーカー「夢工舎」製、座卓囲炉裏の断面。鉄製の炉が空気層に覆われている

炉の構造材いろいろ

［コンクリート製品や石材］	
ブロックやコンクリート平板	安価で手に入りやすい
レンガ	手に入りやすくデザイン性が高い。洋風の仕上がり
大谷石	耐熱性がある
［耐熱ボード＋金属シート］	
ケイカル板（耐熱ボード）	12㎜厚など。手に入りやすく加工しやすい。要下穴。プラスターボードもOK
銅薄板（金属シート）	0.3㎜厚など。手に入りやすく加工しやすい。ステンレスやブリキも選択肢のひとつ
鉄	加工が困難なので既製品を購入するのが一般的だがコストがネック
［その他廃材利用］	
中古シンク	手に入ればちょうどよい素材になる
火鉢	そのまま炉に活用できる

炉のおすすめサイズ

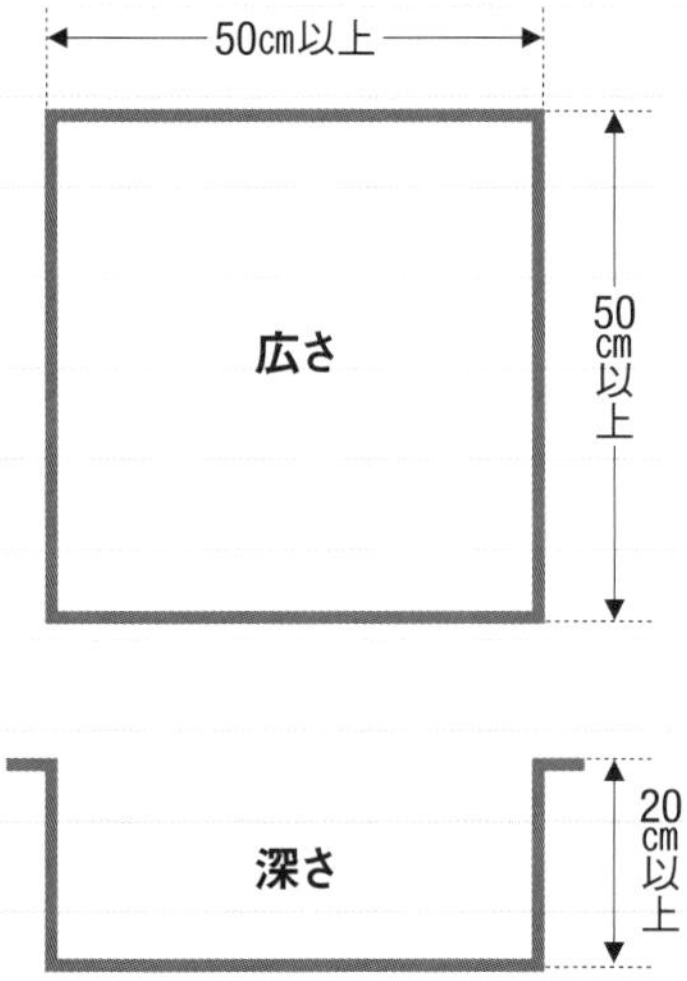

炉端やテーブル部分のデザイン

天板はどうする？ 素材は？

埋め込みタイプの場合、炉の周りの木部を炉縁といい、食材や食器を置いたりするちょっとしたテーブル代わりになる。座卓タイプの場合は炉の周りの天板が炉縁と同じだ。

炉縁や天板は、囲炉裏の表情を決定づける大切なパーツ。素材には、木肌が美しく、反りや変形の少ない、しっかり乾燥した木材が理想的。いわゆる銘木が手に入れば、グッと格を上げてくれるのは間違いないが、コストをおさえて手作りするなら無垢材（防腐処理なし）や集成材がぴったり。ＳＰＦやウエスタンレッドシダーの２×10材、スギ、ヒノキなどが価格も手頃で選択肢も広い。塗装する場合は、ウレタン系の塗料やナチュラル系のオイル、ワックスなどが合うはずだ。

組み方にはいろいろあるが、図のように巴に組む方法がポピュラー。その接合方法も、木ネジによる単純な突き合わせのほか、下図で紹介した5種類などが代表的な接合法だ。

簡単さで選ぶなら❶、よりしっかりしていて見た目もすっきりさせたいなら❷や❸を、頑丈さで選ぶなら❹や❺がおすすめだが穴あけに精度が求められる。

木枠の中に正方形の板を並べてデザインとした天板の例（静岡県 藤森さん製作）

2×材を天板にした例

天板の組み方&いろいろな接合方法

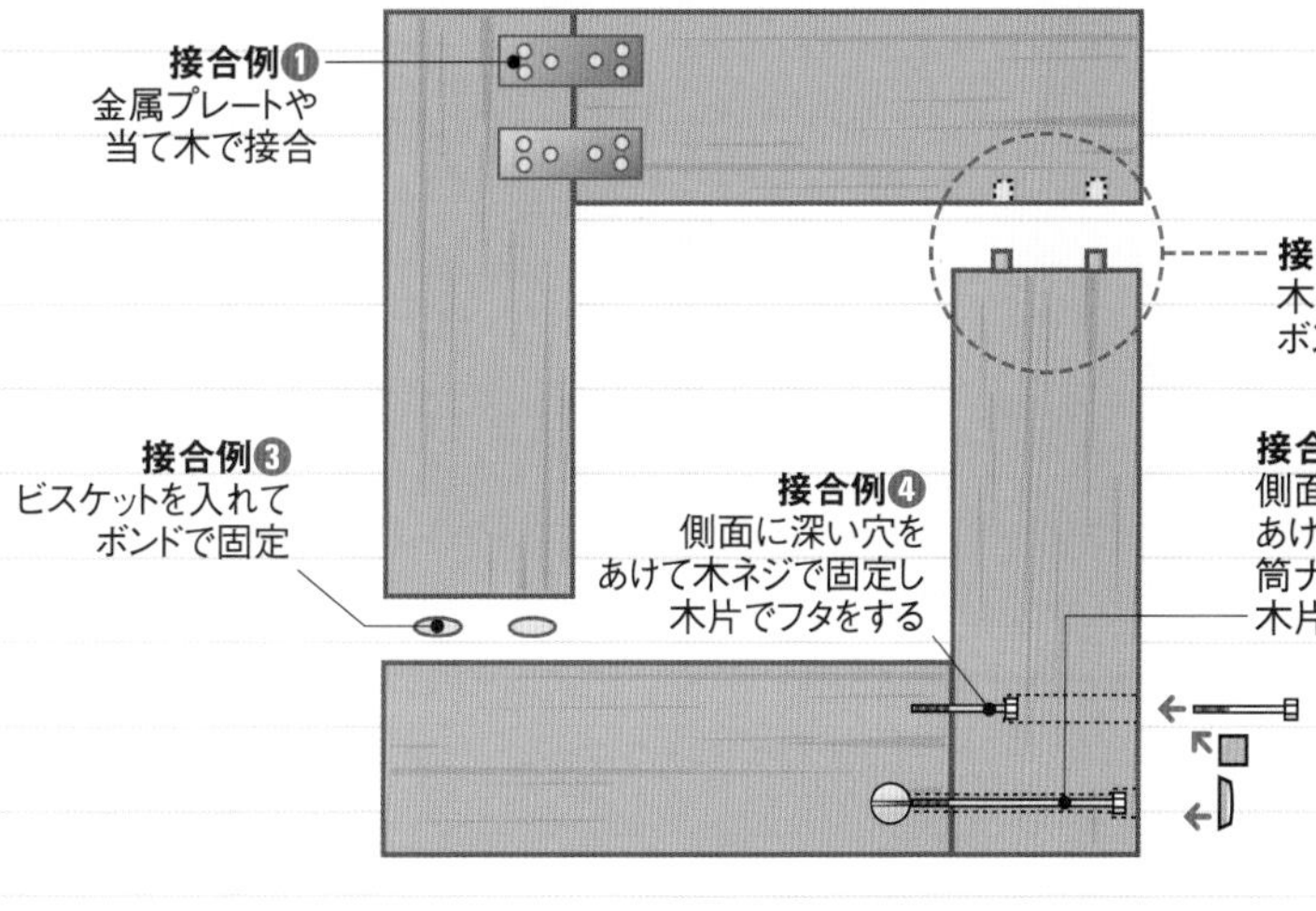

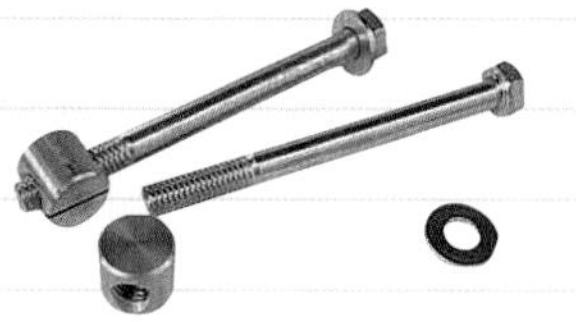

接合例❺で使われるボルト&筒ナット

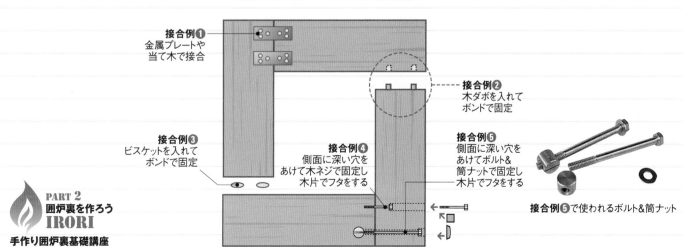

鉤の高さを自由に変えられる秘密
自在鉤ってどうなってるの?

編集部が
自作!

筒は竹で、軸は鉄をフック状に曲げた鉤つき。
横木は伝統の「木魚」を目指して奮闘した

囲炉裏には付き物の、炉の真上から鍋や鉄瓶などをぶら下げるフック。高さを自由に変えて炭（熱源）との距離を調節できることから「自在鉤」と呼ばれている。

好きな高さで固定できるのは不思議だが、構造は意外にシンプルで、筒と軸と横木の3パーツで構成。筒を天井から吊り、先が鉤状になった軸を中に通してあり、軸は、斜めになった横木の穴にくわえ込まれて止まっている。図のように、荷重がかかることで固定されるからこそ、重い鉄鍋や鉄瓶を下げるのに向く。

筒には太い竹を、横木には堅木の木材を使って、よく魚の形に加工されている。ＤＩＹするなら素材は、筒に孟宗竹、横木には適当な板材、軸には鉄筋などが手に入りやすいし安価だ。

ポイントは、横木の穴の径と、中を上下する軸の太さとの差。そして穴は、上下で径が違う（中で段差のついた）穴にする。上のほうは軸径＋2～3㎜、下のほうは軸径＋10㎜程度が目安だ。穴があまりゆるいと、横木が斜めになりすぎた状態になるし、きついと軸がスムーズにスライドしない。実際に現物で試しながらやってみるほうが確実だ。

竹筒を利用した手作りの自在鉤が天井から吊るされている例

自在鉤の仕組み

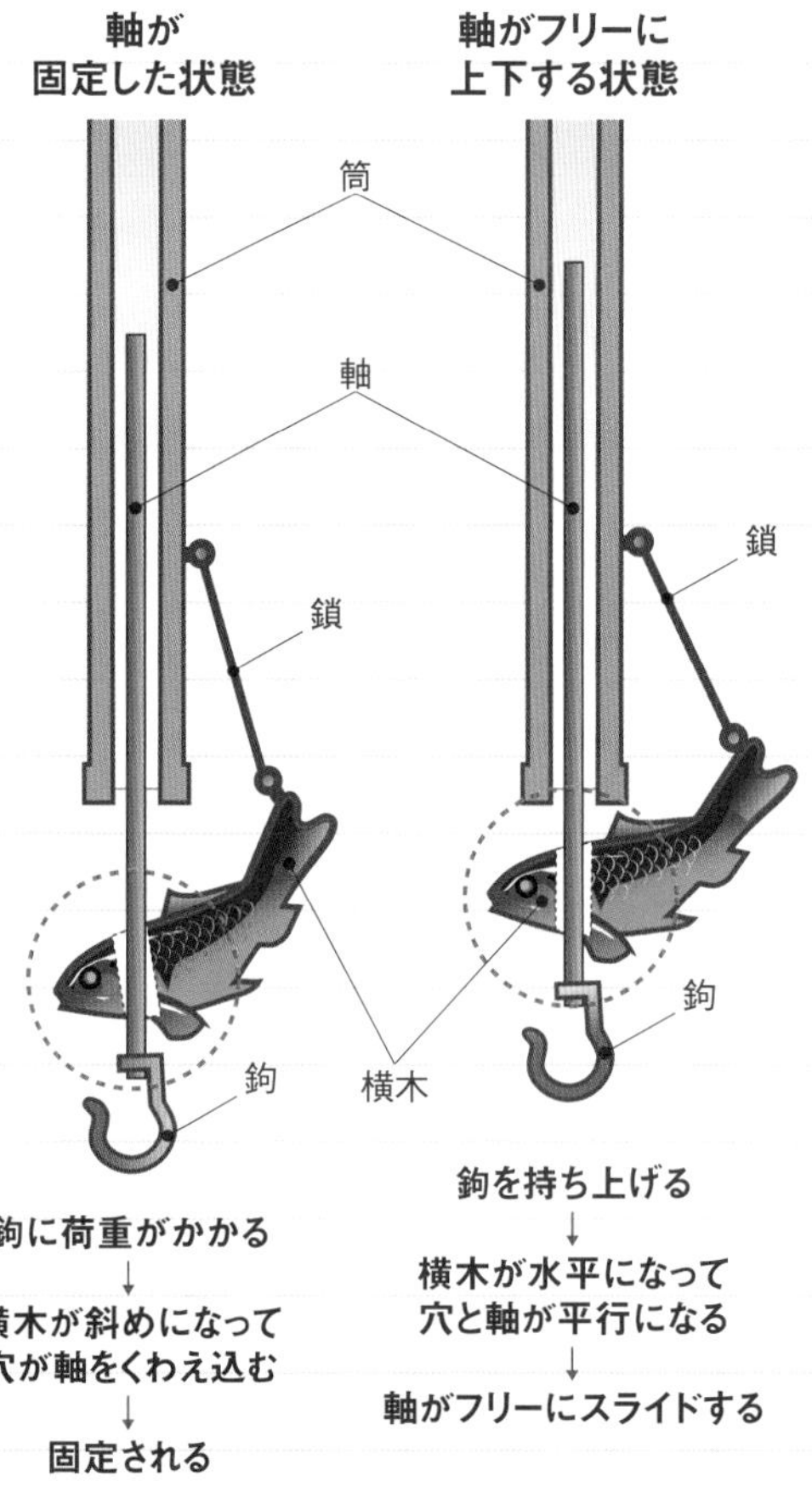
軸が
固定した状態
軸がフリーに
上下する状態
筒
軸
鎖
鎖
鉤
横木
鉤
鉤に荷重がかかる
↓
横木が斜めになって
穴が軸をくわえ込む
↓
固定される
鉤を持ち上げる
↓
横木が水平になって
穴と軸が平行になる
↓
軸がフリーにスライドする

知っておきたい正しい使い方
炭のおこし方は？消し方は？

炭で火をおこすには、炉の真ん中にまず炭を3本立てかけ、空気の通り道を作ってから、1点を集中的にバーナーであぶる。または、底が格子状になった「火おこし」という鉄製の片手鍋に炭を入れ、ガスコンロに置いて点火する方法も簡単だ。

一方消火は、「消し壷」という容器に炭を入れ、空気を遮断して消すのがベスト。消し炭は再着火しやすいので、次の火おこしに使うと火をおこすのが楽。本来燃え尽きて消えるまでそのままにしておくのが自然で、昔は灰に埋めて深夜の暖房としていたようだが、機密性の高い現代の住まいでは一酸化炭素中毒の危険もある。また囲炉裏に水をかけるのも厳禁。

屋外はともかく、室内で囲炉裏を楽しむには、炭の質にもこだわりたい。炭にも各種あるが、囲炉裏で使うなら黒炭と白炭が望ましい。火つきのよい黒炭でおこし、火持ちのよい白炭を足していくやり方だ。

ガーデン囲炉裏などで薪を使う場合の点火方法を紹介しよう。灰をならしてくぼみを作り、そこにマツやスギの小枝を山形に積み重ねる。その上に細めの薪を2㎝程度の間隔をあけながら積んだら、下になっている小枝に点火する。焚きつけ用の小枝としては、割り箸や竹串でもOK。薪は広葉樹を選んだほうが、安定した火が楽しめる。

薪を消すときは炭の場合と同様、消し壷を使うと確実だ。

炭火の風情は眺めているだけで幸せな気分に

灰にも、よい木灰を選んで快適な囲炉裏ライフを送りたい

中に炭を入れて消火するための消し壷

灰には「木灰」を使おう

囲炉裏に使う灰は、カシやクヌギといった広葉樹の灰をふるいにかけて細かくした「木灰」。一部のホームセンターや通販サイトでも手に入る。相場は1kgで1200円程度。30㎝四方で深さ10㎝のとき、30×30×10＝9ℓと単純に体積を出して9kgを必要量の目安にするのも手だ。

囲炉裏におすすめの炭

ナラ炭	黒炭のひとつ。やわらかくて火つきがよいが、火持ちはよくない。
備長炭	白炭のひとつ。硬くて火つきが悪いが、火持ちがよく火力も強い。

囲炉裏&アクセサリーガイド

基本アイテムから便利グッズまで
できればそろえたいすぐれものアイテムをラインナップ!

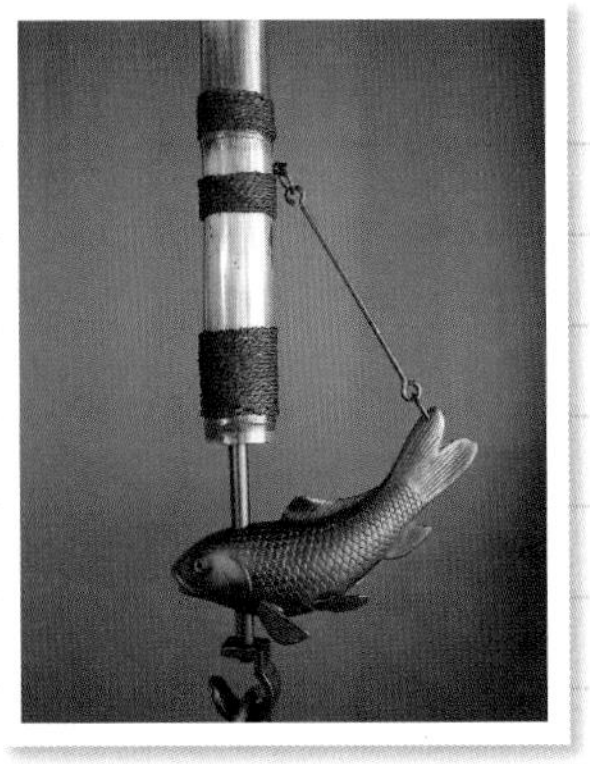

自在鉤(竹/鯉・南部鉄)

真竹に縄を巻いた外筒の下で、南部鉄鋳造の鯉が生き生きと躍る本格的な逸品。全長130㎝という、やや短く作られたテーブル囲炉裏用で、高さ70㎝程度のテーブルに対応。

火箸

炭を動かしたり、灰をならしたりするのに便利。囲炉裏の基本アイテムのひとつだ。

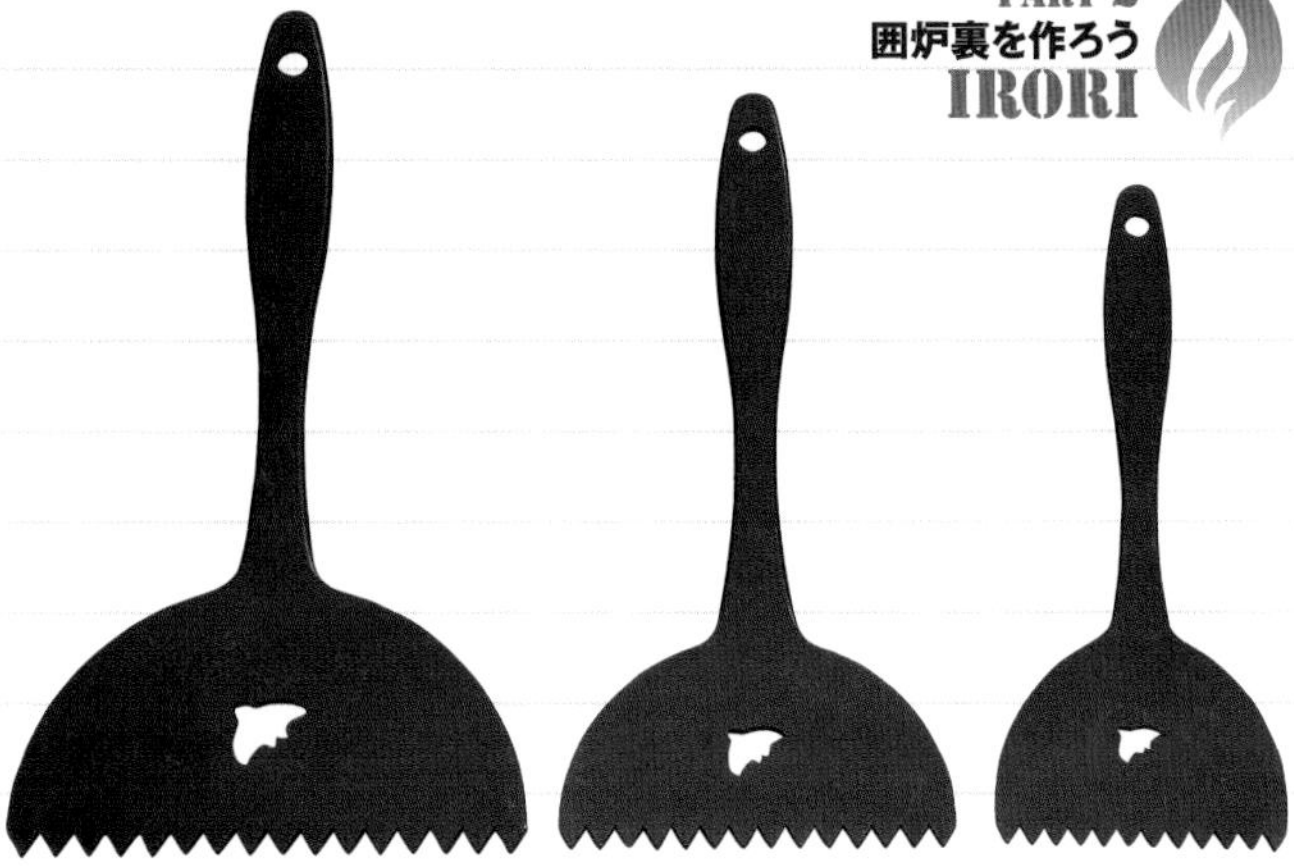

黒灰ならし

鉄製の平板を切り抜いたシンプルな灰ならし。小サイズは小型囲炉裏や火鉢用、中サイズは短辺40〜60㎝の囲炉裏、大サイズは短辺60㎝以上の大型囲炉裏用に。サイズ◎波型幅7㎝・長さ18㎝(小)、波型幅10㎝・長さ20.5㎝(中)、波型幅13㎝・長さ23㎝(大)

自在鉤(竹/拍子木)

シンプルな角材を横木に使った自在鉤。横木は硬く、重量感のあるタモ材の拍子木だ。テーブル囲炉裏用。

鉄鍋(木蓋付)

雰囲気のある木蓋付きがうれしい、南部鉄製の丸鍋。手作りの味が生きた本格的な囲炉裏アイテム。

鉄瓶

囲炉裏に欠かせない鉄瓶。鉄瓶で沸かしたお湯はまろやかな口当たりになるという。

五徳

鍋や急須などを載せるのに使う、こちらも囲炉裏の基本アイテム。五徳があれば自在鉤がなくても囲炉裏料理を楽しめる。

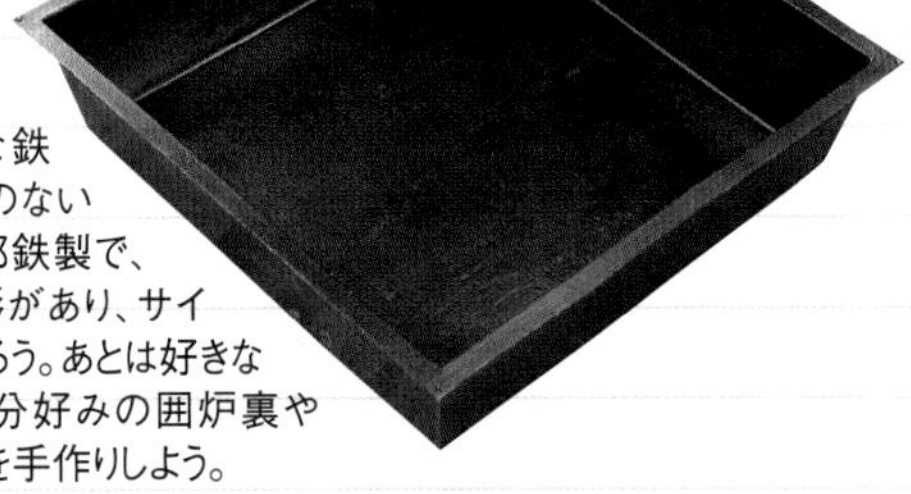

炉

手作りが困難な鉄製の炉。継ぎ目のない6〜8㎜厚の南部鉄製で、正方形と長方形があり、サイズもさまざまにそろう。あとは好きな木材を使って自分好みの囲炉裏や囲炉裏テーブルを手作りしよう。

急須

雰囲気のある南部鉄製の急須。サイズも手頃で、中には茶葉を受ける網も備える。内側はサビ止めのホーロー引き加工。

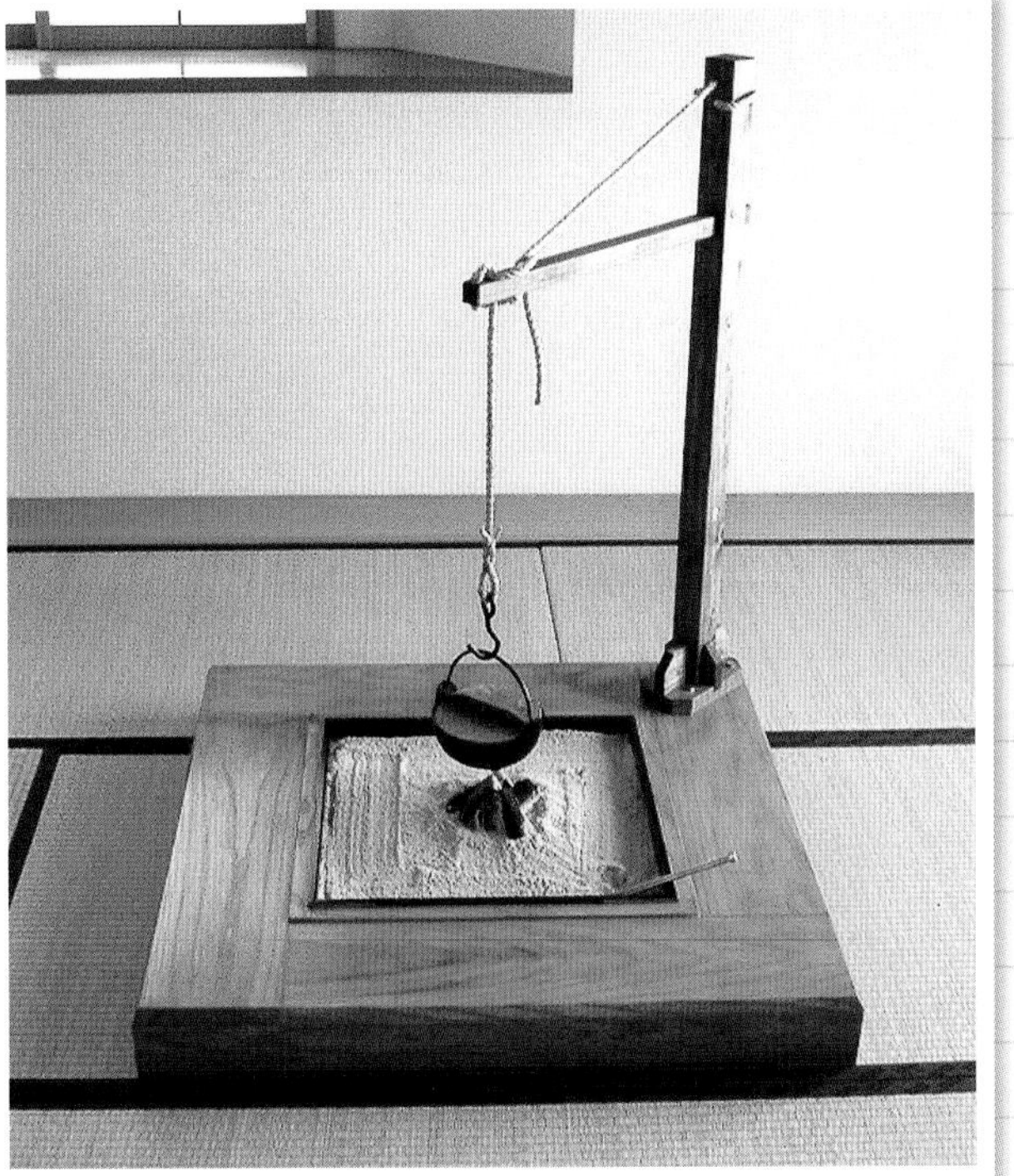

超薄型・囲炉裏キット

床置きで工事の一切いらない薄型囲炉裏。本体の高さはわずか11cmで、別の部屋にも移動できる身軽なスタイル。特殊断熱ブロックでしっかり断熱し、放熱も考慮されていて安全性は十分に確認されている。ドライバーとカナヅチだけで組み立てられるのもうれしい。※写真は商品イメージ。

卓上・超薄型囲炉裏キット

調薄型囲炉裏をよりコンパクトにした卓上サイズ。テーブルの上で炉端焼きが楽しめるうれしいキットだ。高さは10cmとさらに薄型だが、テーブルに置いても畳に置いても下にはまったく影響なし。※写真は商品イメージ。

紀州備長炭 ウバメガシ

備長炭の名をこの世に知らしめた代表格であるウバメガシ。比重が大きく、高火力を得られるこだわりの白炭だ。

囲炉裏用 火消しつぼ

囲炉裏のコーナーにすっきり置ける鉄製火消しつぼ。熱いときでもさわれるように、フタは二重構造になっている。

セラミック灰

砂のようにサラサラしていてホコリが立たないセラミック灰。軽量で、炭火の燃焼もよく、木灰と混じってもよくなじむ。天然の珪藻土を1000度ほどの高温で焼成したセラミックだ。

実践マニュアル❶

大勢で囲める
ベンチ付き
ガーデン囲炉裏を作る

基本的なレンガ積みで作れるガーデン囲炉裏。
さらにベンチで囲めばみんなでゆったり座れる
スペシャルなプライベートスペースのできあがり。
テーブルを設置すればパーティーシーンも自由自在だ。

施工◎木村博明（木村グリーンガーデナー）、
ドゥーパ!編集部
写真◎富士井明史

レンガの囲炉裏に 8角形の枕木ベンチ

昔ながらの囲炉裏とはちょっと趣向を変えて、アウトドアで楽しめるガーデン囲炉裏に挑戦してみよう。囲炉裏本体は、基本的なレンガワークで比較的簡単に製作できる。モルタルを使うのはたいへんな印象があるかもしれないが、ホームセンターですぐ手に入るし、水で練るだけだから意外に身近。初めてでもどんどんチャレンジしてみてほしい。

一見難しそうな8角形の枕木ベンチも、4つ作って間をつなぐだけだから構造はシンプル。隣同士の高さ合わせにさえ注意すれば快適なベンチが完成するはず。座面が多いので大人8人がゆったり座ってもまだまだ余裕がある。また、材料に使っている枕木は、薄くスライスされていて丸ノコで簡単に加工できるアイデア素材。レンガとのメリハリでデザイン的にも締まる。

炉のフタを兼ねたテーブルをつければ、囲炉裏だけでなく幅広い使い方が可能。右ページの写真のようにパラソルを立ててもいいし、ごちそうを広げても相当数のお皿が載りそう。さあ、夢広がるガーデン囲炉裏を始めよう。

天板の下は大きな囲炉裏。大勢で火を囲める憩いのひととき

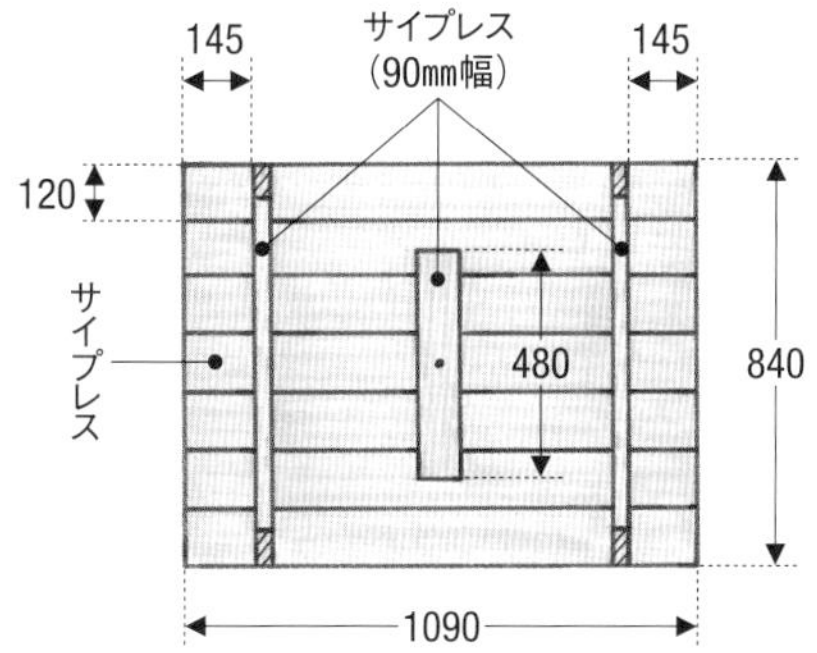

囲炉裏フタ兼テーブル裏面図

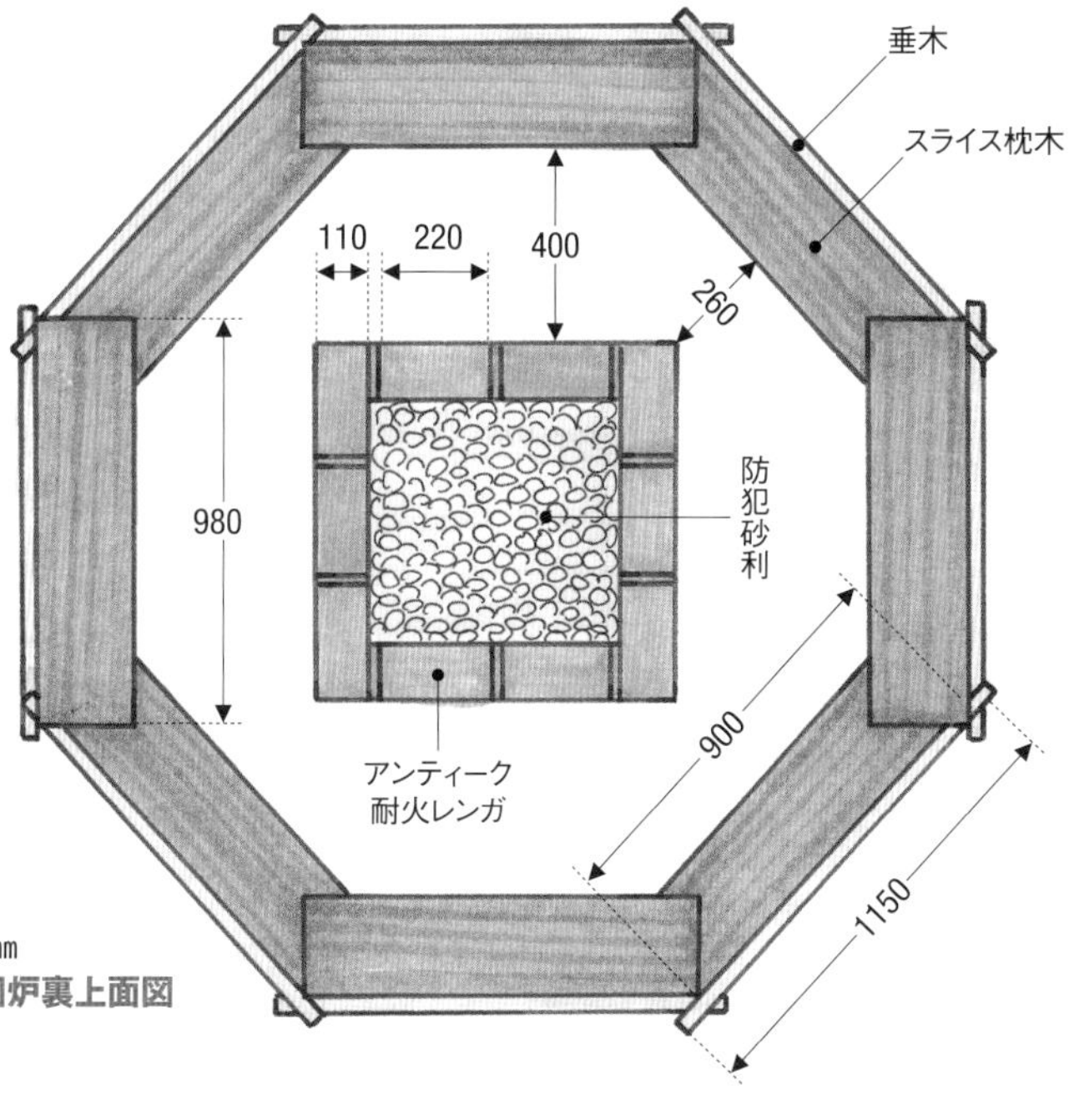

＊単位は㎜

レンガ囲炉裏上面図

用意した道工具

丸ノコ、インパクトドライバー、ディスクグラインダー、スコップ、タンパー、トロフネ、バケツ、クワ、コテ(各種)、スポンジ、ゴムハンマー、メジャー、水平器

用意した資材	サイズ	数量
アンティーク耐火レンガ		70本
中古オーストラリア枕木	三枚板スライス	4枚
中古オーストラリア枕木	カット600㎜タイプ	8本
サイプレス	25×120×3600㎜	3本
サイプレス	38×90×2100㎜	2本
垂木	30×40×2000㎜	24本
セメント	25kg	1袋
砂	20kg	4袋
防犯砂利	大袋	2袋
塗料		
ビス(各種)		

STEP 01

整地して、砕石とモルタルで基礎を作る

囲炉裏部分となるレンガを実際に地面に並べ、設置場所を決める。周囲に作るベンチを考えて余裕のある場所を選ぼう

囲炉裏設置部分をスコップで掘り下げる。今回は約700㎜四方を目安にしている

掘る深さは5～10㎝。砕石を敷きモルタルを盛っても、基礎部分が外から見えない程度にする

砕石を敷いてタンパーで突き固める。タンパーは、持ち手をつけた枕木で代用してもOK

整地の間に同時進行でモルタルを練る。セメントと砂の配分は1:3の基本パターン

レンガを積む部分のみモルタルを盛る。この時点である程度水平が取れているようにすること

重い資材も通販なら指定日配達!

レンガワークは重量のある材料が多い。運搬を考えると頭が痛いが、今回の企画で使用した、レンガ、枕木、サイプレスを提供してくれた(株)リーベなら、そんな悩みも一発解消。メールあるいは電話で注文した材は指定日に現場まで運んでくれるのだ。もちろん、同社の店頭で直接購入もできる。

(株)リーベ　千葉県船橋市前原西2-17-12
☎047-470-9172　http://www.1128.jp

大物の施工は資材置き場のスペースもしっかり確保しておこう

サシガネを使ってコーナー部分の直角もしっかりチェックしよう

STEP 02 水平・直角に注意して、1段目のレンガを設置

棒状に細くしたモルタルを、ブロックゴテで2列ずつ盛る。長さはレンガ2本分くらい

レンガはあらかじめバケツやトロフネで水に浸しておくこと。レンガがモルタルの水分を吸うのを防ぐ

並べたらマメに水平をチェック。1段目の水平確認は特に重要。「これでもか」くらいに確認しよう

レンガの1、2段目の縦目地は通風口となるので、あえてモルタルを使わずすき間を空けておく

モルタルの上手な盛り方

コテを使ったモルタルの盛り方にはちょっとしたコツが必要だ。コテ上にきれいな棒状のモルタルを並べる。一定量のモルタルをすくえるようになればスピードアップ間違いなし!

ブロックゴテでモルタルをトロフネのコーナーに集める

集まったモルタルの上にコテを押しあてる

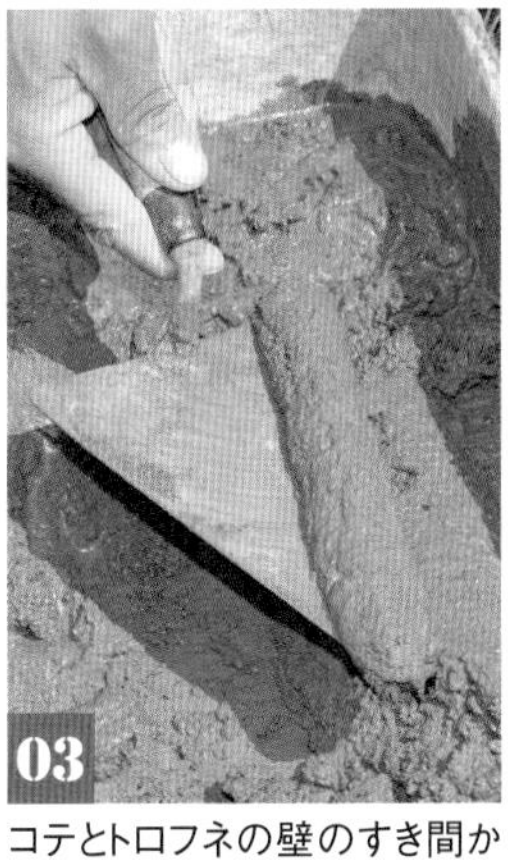

コテとトロフネの壁のすき間から出てきたモルタルを、コテで切るようにしてすくい上げる

コテを垂直に立ててモルタルをレンガに盛る

STEP 03

レンガを積んで囲炉裏本体を作る

3段目からは縦目地も入れる。あらかじめモルタルを載せておくと仕事が早い

コーナー部分の水平チェックは特に重要だ。しっかり確認しよう

あとは同じ要領でモルタルを棒状に盛りながら、どんどん進めていく。リズムに乗れば楽しい作業だ

もう少しでレンガ積み終了。結局7段のレンガを積んだ

細く絞り出せる目地バッグを使用すれば、すき間もどんどん埋められて便利

目地コテを使用して、目地をきれいに整える

最後に濡れたスポンジで、目地からはみ出たモルタルをきれいに拭き取る。時間が経過すると汚れが落ちづらいので、目地を整えたらすぐに行なうこと

STEP 04

囲炉裏を囲む、八角形の枕木ベンチを作る

丸ノコでスライス枕木をカットする

75㎜のナゲシビスを使用し、脚となる600㎜の枕木を接合する。あらかじめザグリビットで下穴をあけてから接合すること

これで4脚のベンチが完成した

ベンチの位置は囲炉裏の対角線上が目安。メジャーを使用して等間隔にベンチを置く

ベンチの脚を埋めるため、それぞれ穴を掘る

ある程度掘ったら、ベンチを置いてみて高さを確認しよう

左右のベンチに水平器を渡して高さをそろえ、ベンチの間に座板を取り付けて八角形のベンチが完成した

STEP 05

囲炉裏のフタを兼ねたテーブルを作る

サイプレス(120㎜幅)を7枚並べ、先端を45度カットしたサイプレス(90㎜幅)で固定する。サイプレス(90㎜幅)の間隔は囲炉裏のサイズより10㎜多く取っている

天板裏のセンターに補強用の2×4材を取り付ける

これでテーブルが完成。囲炉裏にぴったり収まるか実際に試してみる

囲炉裏フタ兼テーブルがぴったり収まった

天板のセンターにパラソル用の穴(30㎜径)をあける

最後にステイン系塗料を塗って完成

炭火で焼いたお肉は格別!
ガーデン囲炉裏で盛り上がろう!

ベンチの飾りをつけて、囲炉裏の中を仕上げる

ベンチを囲むように垂木で飾り付けをする

まずはベンチに垂木を取り付ける

ベンチに取り付けた垂木と40mm程度交差するように、座板のみの下部にも垂木を取り付ける

次は囲炉裏の仕上げ。炉の中に半分程度の深さまでガラを適量詰め込む

次に、ガラの上に「防犯砂利」大袋×2を詰め込む

あとは炭と網を載せれば立派な囲炉裏に

ついに完成。大人8人が座れるガーデン囲炉裏ができあがった!

実践マニュアル②

古い火鉢の炉床を使って室内囲炉裏を作る

物置や古道具屋などに眠っている古い火鉢を解体し、その炉床だけを再利用した手作りの囲炉裏。2×材や鉄のアングル材を使った格安のアンティーク風手作り囲炉裏だ。軽いので移動も楽。好みの部屋で活用できる。

施工◎塚田恭平（K.T ARTS）、ドゥーパ！編集部
写真◎伊勢和人、菊地一仁

2×10材の天板（炉縁）を焼き加工して、古材風に

囲炉裏を自作するときにまずクリアしなくてはいけない最大の問題は炉床をどうするかということだ。大谷石を組んだり、ケイカルボードを重ねて使ったり、金属板を板金して作ったりとそれぞれ苦労しているようだが、ここではもっとも簡単でしかも安全な方法を取ってみた。つまり「古い火鉢」を解体し、そこに使われていた銅板の炉床をそっくりそのまま流用するという方法だ。

この場合、火鉢の入手がポイントとなってくるが、古道具屋や骨董市を回ったり、田舎の実家の物置を探したりすれば、意外に簡単に入手できるはず。今回使っている箱形の炉床の調達が難しければ、陶器の丸い小さな火鉢をそのままビルトインするという手もある。

さて、ポイントはもうひとつ。囲炉裏の天板はSPFの2×10材を使っているが、組み上がったあとで、バーナーで焼き、金ブラシで削って焦げを欠き落として、古材風に加工していることだ。誰にでもできる簡単な方法なので、一度試してみてほしい。

製作そのものは簡単だ。2×材で、用意した銅板の炉床を包むように組み立て、天板や脚もつける。銅板の外側には断熱のためケイカルボードを挟むこと。最後に天板の外側を鉄のアングル材で縁取りしたが、これはあくまでもデザイン的な効果を狙ったものなので、省いてもかまわない。

また自在鉤は、余った2×材をジグソーとディスクグラインダーで削って「木魚」を作り、鉄棒を通して作ってみた。「木魚」の代わりに好みのアイテムを考えてみるのも楽しい。

用意した道工具

丸ノコ、ジグソー、インパクトドライバー、ディスクグラインダー、ヤスリ、クランプ、切断機&ボール盤（鉄材用）、ガスバーナー、金ヤスリ、メジャー

用意した資材	サイズ	数量
2×10材（SPF）	8ft	1本
2×6材（SPF）	6ft	3本
ケイカルボード	10×600×900㎜	1枚
炉床（銅製）	高さ160、底面270×270	1個
アングル	3㎜厚の30×30㎜、長さ3650㎜	1本
鉄棒	9㎜径、長さ1m	1本
竹	70〜80㎜径　約1m	1本
鎖	長さ1m	1本
針金	やや太めのもの	適宜
シリコンラッカースプレー		適宜

用意した銅製の炉床。サイズは270×270×160（深さ）㎜と手頃。これを生かした囲炉裏を作る

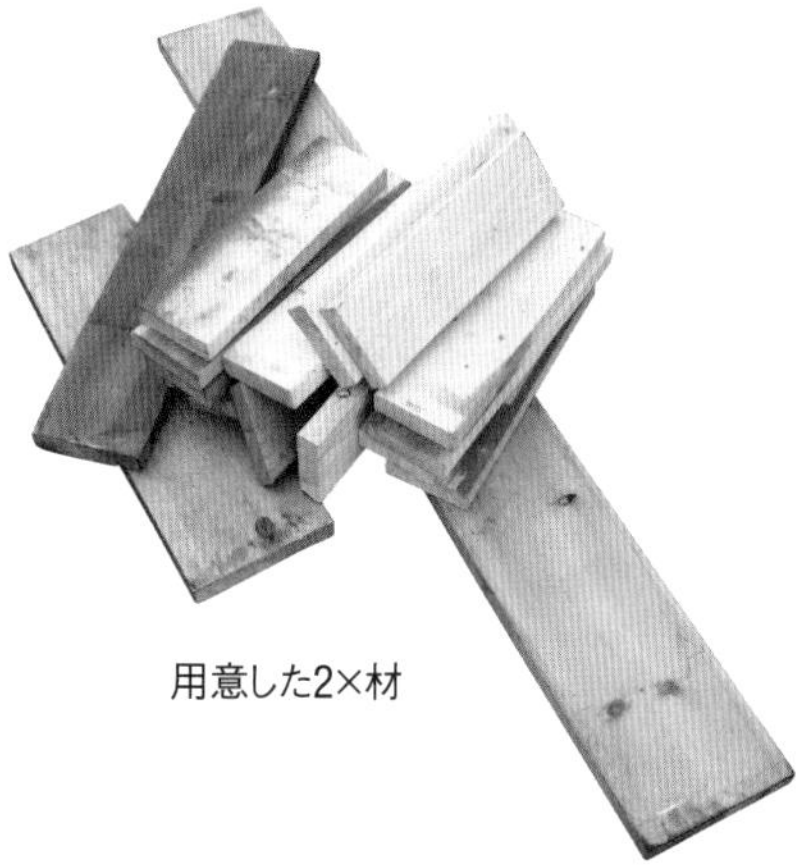

用意した2×材

STEP 01

木工で囲炉裏の形に組み立てる

持ち込んだ銅製の炉床のサイズに合わせて2×6材を墨つけする。炉床を巴に囲んで組むので同じ形が4枚必要

天板をカットし、炉床のまわりに並べてみた。炉床と天板とのすき間にケイカルボードが入るため、その厚さ分（10㎜）をあけておくこと。この段階ではまだ接合しない

天板の下に入る「天板同士をつなぐ板材（2×4材）」をカットして並べてみる（作業の都合上、天板の上になっている）。これも炉床からケイカルボード分の厚さを離しておくこと。これもまだ接合しない。

「天板をつなぐ板材」の下に、「炉床を覆う箱」の側板（2×4材）を並べてみる。ここでもケイカルボードの厚さ分、炉床から離しておく

05

「炉床を覆う箱」を組んでいく。65㎜の木ネジを使用

06

箱の底をつける（2×6材）

07

箱ができた。このなかに炉床が入るのだが、間にケイカルボードが入ることになる

08

ケイカルボードを炉床の寸法に合わせ、丸ノコでカット。底板1枚、側板4枚をカットして、箱の内側に入れてみる

09

カットしたケイカルボードを箱の内側に打ち留める。これもビスで簡単に打ち留められる

10

炉床をセットし、「炉床をおおう箱」の上に、先ほど木取りした「天板をつなぐ板材」を固定していく。65㎜のビスを使用

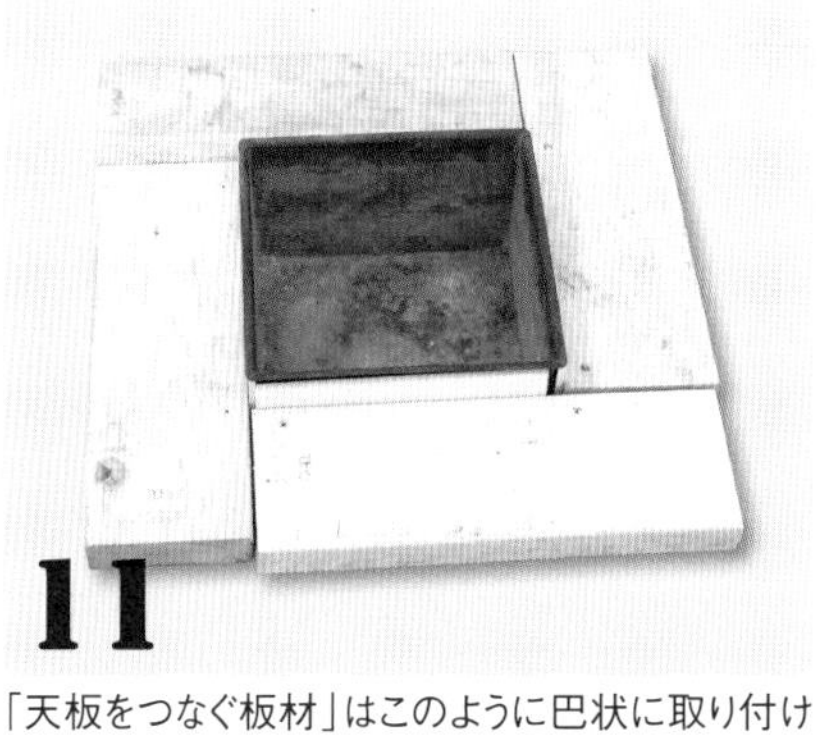

11

「天板をつなぐ板材」はこのように巴状に取り付けられた

12

「天板をつなぐ板材」の上に、天板を取り付ける。ビスは下から打ち込むこと。65㎜ビスを使用

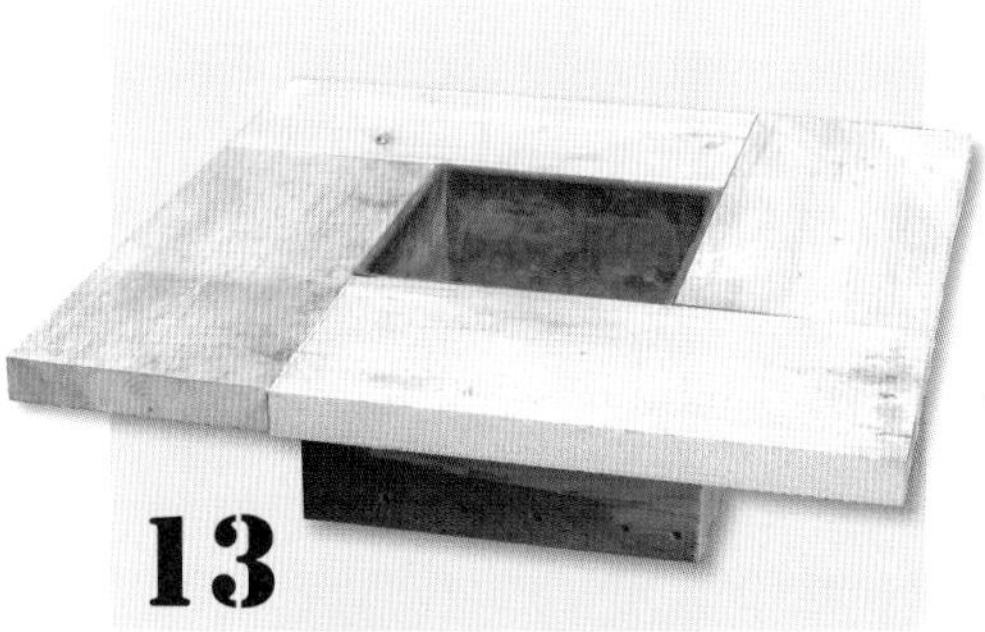

13

これで一応囲炉裏の形になってきた

14

裏側を見ると、このようになっている

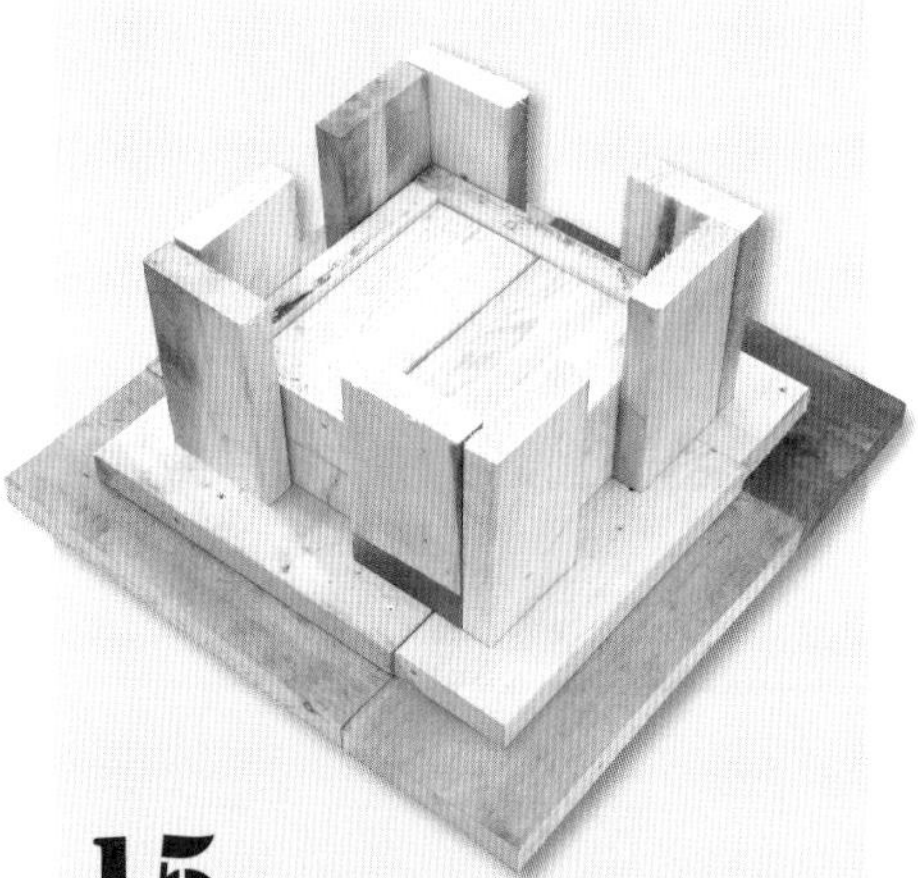

15

高さを決め、「炉床を覆う箱」の四隅に脚をつける。脚は2×6材を使用。囲炉裏の高さは330㎜に設定した

16

これで一応、囲炉裏の形ができた

STEP 02

バーニングで「古材」を作る

ガスバーナーで天板を焼く

かなり念入りに焼く。脚部もがんがん焼く

天板はかなり念入りに焼く。ここまでやるかというほど焼く

全体が焦げ状態となったら、今度は金ヤスリでゴシゴシとこすり、煤を取り除いていく

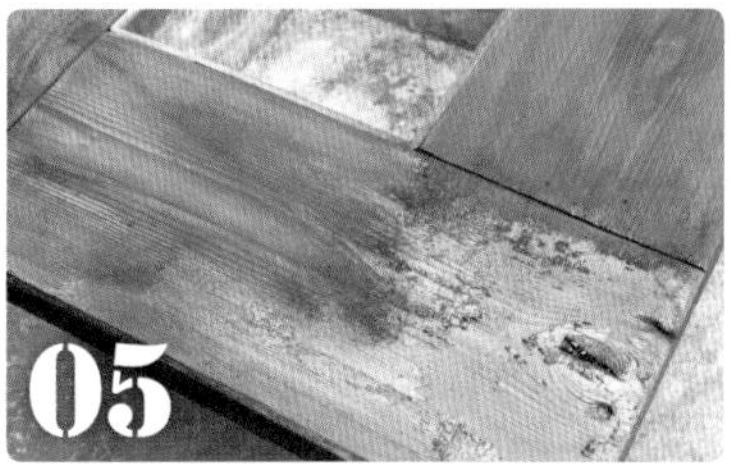

けっこういい感じになってきた

さらに濡れた雑巾で拭き取る。現れてきたのはまさに古材

手作り囲炉裏展開図

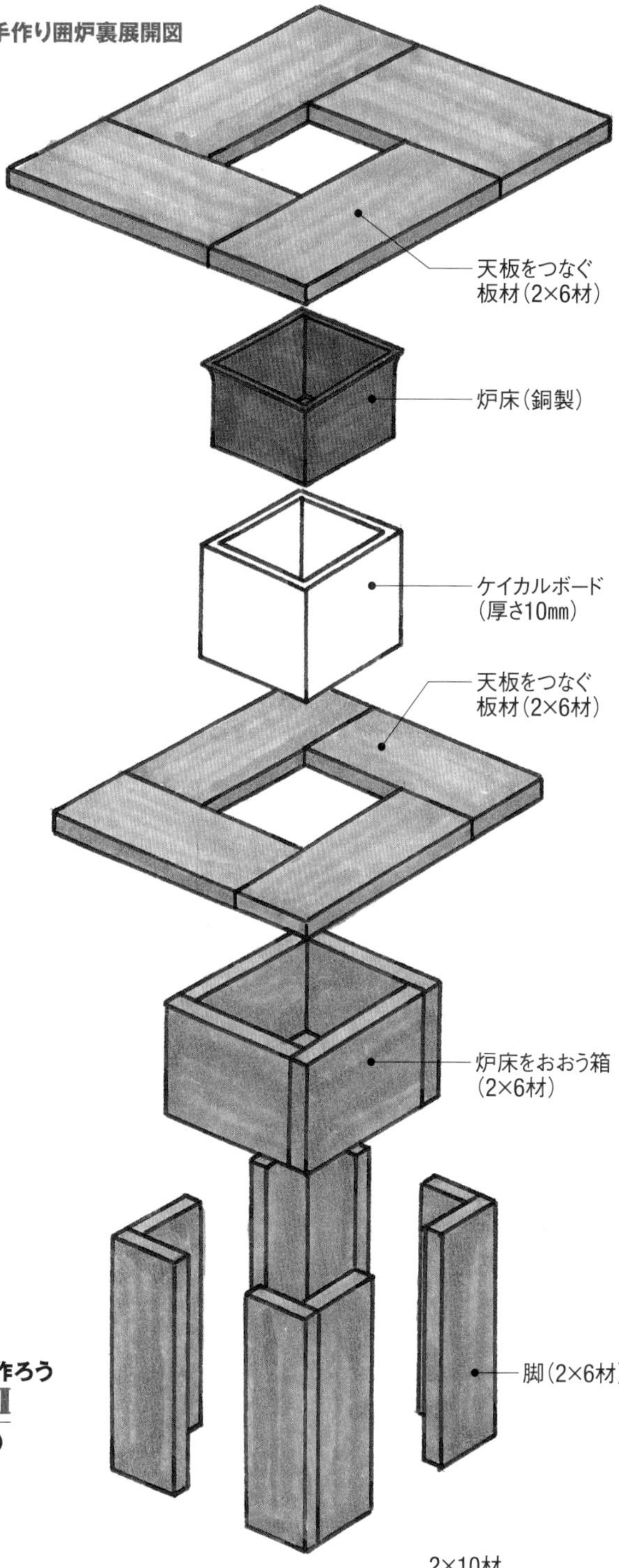

手作り囲炉裏断面図
＊サイズの単位はmm

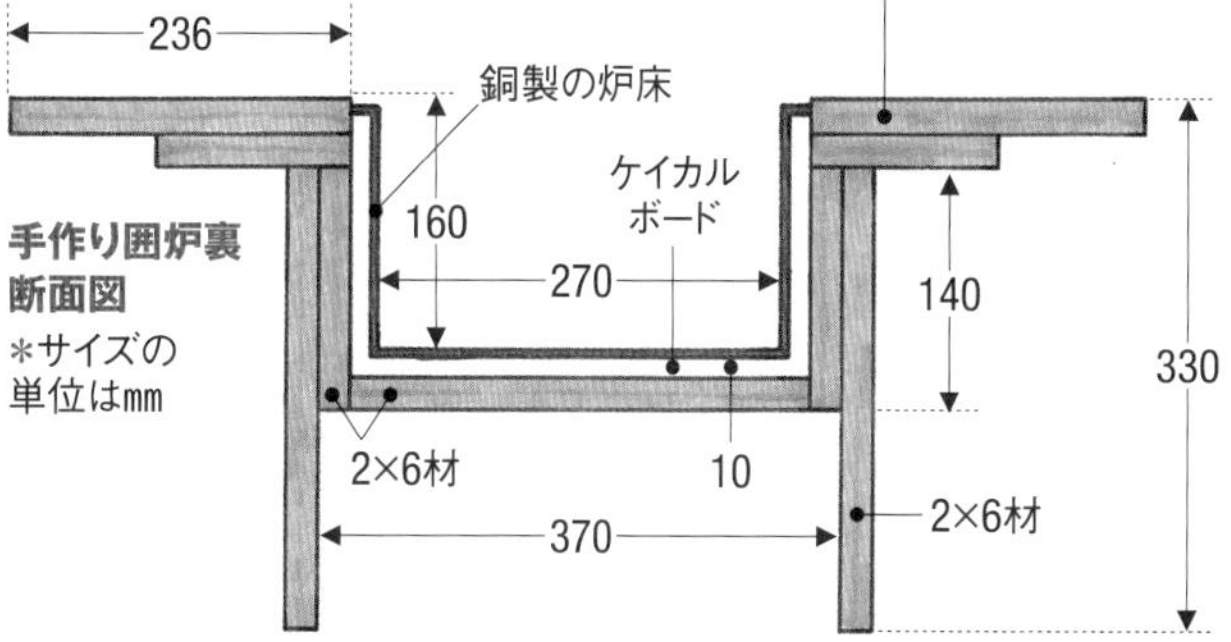

STEP 03 アングルを天板の縁に取り付ける

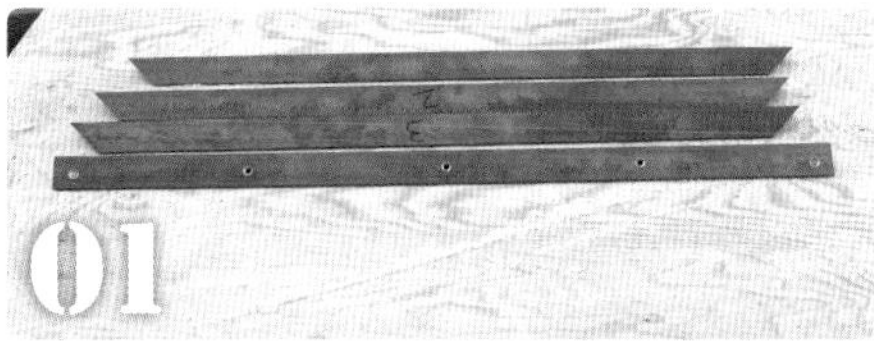

天板の縁の長さにカットしたアングル。コーナー部分は45度カットになっている。またビスを打ち留めるための穴あけ加工もしてある。こうした加工は、切断機やボール盤（皿取りビット使用）で行なったが、道具の用意がない一般DIYerの場合は、ディスクグラインダーや金属用のドリルビットを駆使してやるか、ホームセンターの加工サービスを利用する

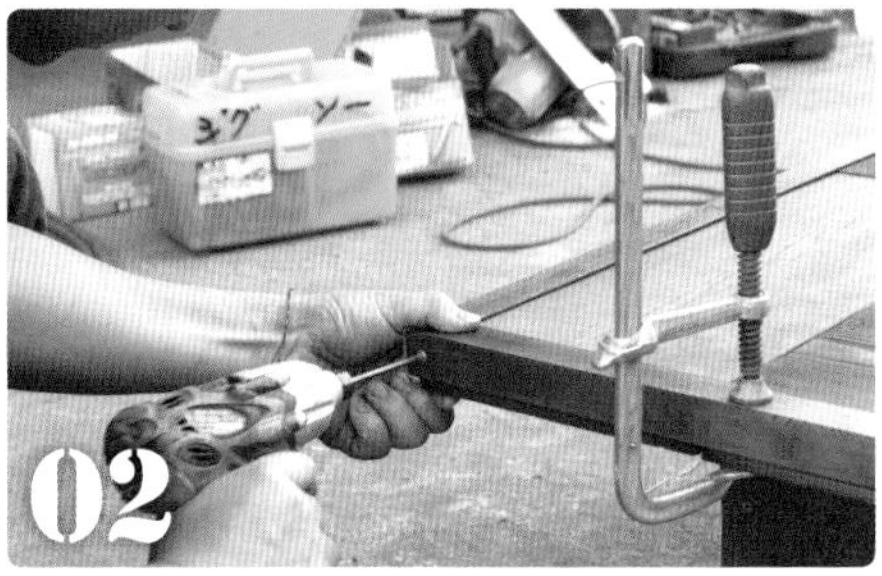

クランプで固定し、アングルを天板に取り付ける

角をディスクグラインダーで面取りする

シリコンラッカースプレーを天板全体に吹き付ける。これで錆び止めになるほか、焼いて仕上げた天板を保護する役目にもなる

05

これで囲炉裏の完成。これが2×材で作った囲炉裏とは誰も思わない?

STEP 04 自在鉤を作る

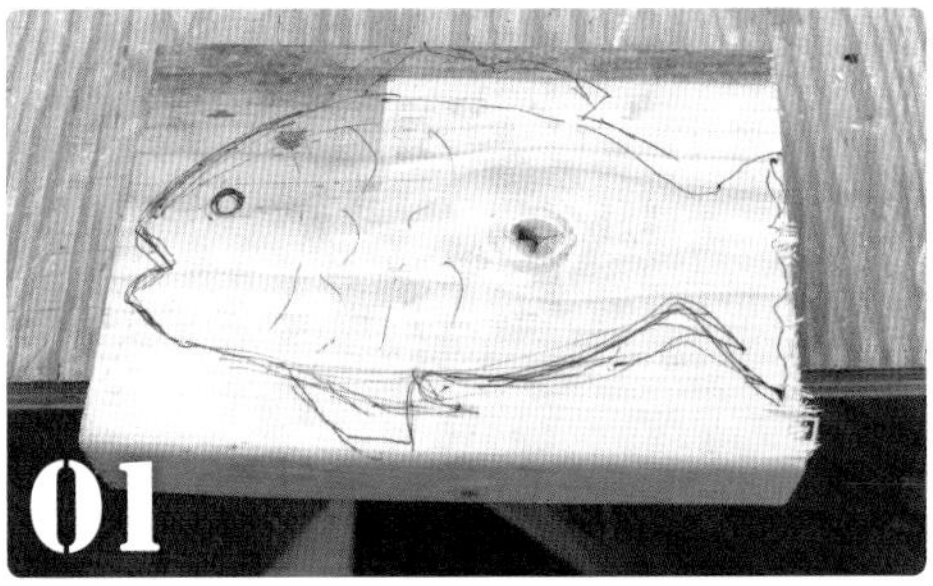

「木魚」の成形から。まず2×6材の端材に魚の形を描く

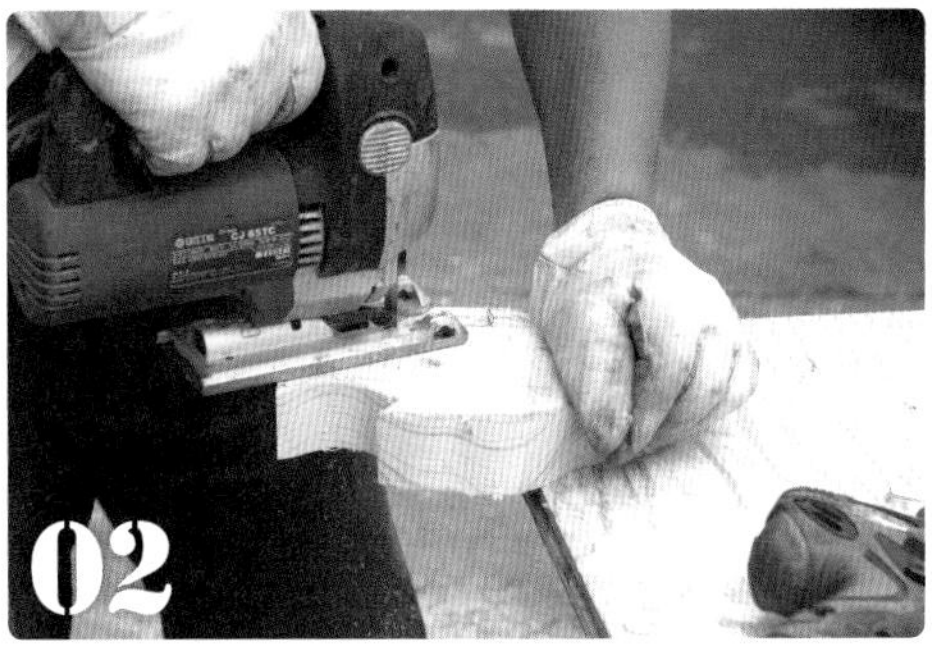

魚の形にしたがって、ジグソーでカットする

ディスクグラインダーで形を整えていく

ウロコの凹凸もディスクグラインダーで簡単につけられる

木の魚ができた

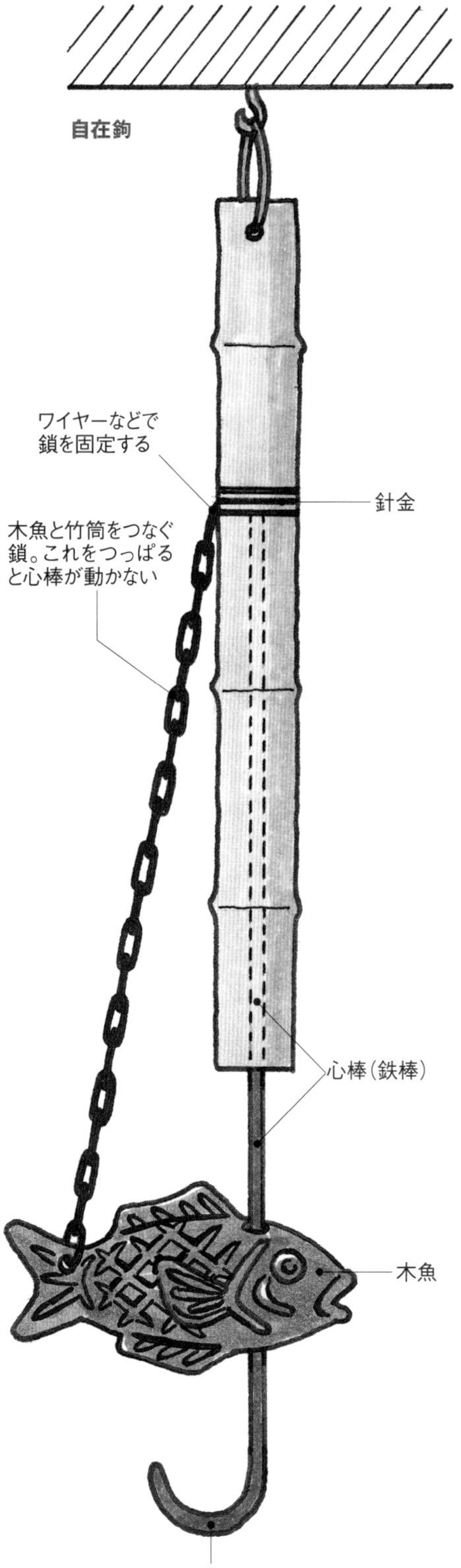

先をフック状にした鉄棒を「木魚」の天頂から差し込む。これを竹筒の中に入れ、尾ひれの穴と竹筒を結ぶ。これで自在鉤が完成（イラスト参照）

天頂、目、尾ひれの近くにドリルで小さな穴をあける。天頂の穴は、4.5㎜径の鉄棒がなんとか通るぎりぎりの径であけること。ここでは9.5㎜径のビットであけた

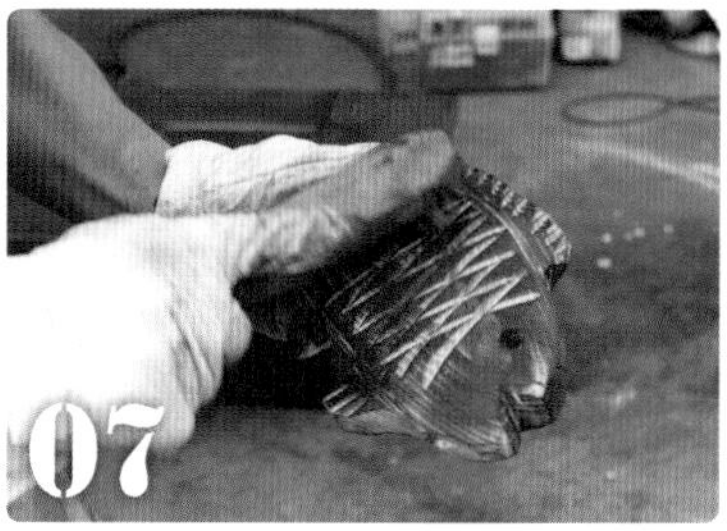

成形した「木魚」は、天板と同様、焼き仕上げをする

完成!

自在鉤を設置し、囲炉裏を置いてみた。部屋が和風の味になった

まず、2×10材で天板を組む。裏面から1×4材を固定して接合している。1×4材に一輪車のバケットの縁が載るようにする

天板が動かないように裏側に細い2本の板材を打ちつける

天板を焦がしてから、金だわしでこすり、よく絞ったタオルで拭き取ると古材風の天板になる。最後にクリアラッカーを吹き付けるとさらによし

囲炉裏として使う前に、砂を満載する。砂が断熱材になる

炉の縁に合わせて、ケイカル板を差し込む。これで天板の断熱になる

一輪車の上に天板を載せた「移動式囲炉裏」。これがあれば、どこでも野外宴会場?

一輪車を使って移動式囲炉裏テーブルを作る

一輪車といえば、通称ネコとも呼ばれる外構工事などで活躍する道具のひとつ。資材の運搬はもちろん、バケットでモルタルを練ったりすることもできるので、レンガやブロック、モルタルなどを使用する作業では必需品。ガーデンDIYファンなら、1台持っているだけで本当に重宝する。

で、ここで紹介したいのは、この便利な一輪車をベースに、傑作な囲炉裏を作ってしまおうという提案だ。名付けて「移動式囲炉裏テーブル」。作りはとても簡単。バケットに砂をいっぱい載せ、2×10材で組んだ天板を一輪車に載せ、炉の縁にケイカル板を差し込み、網をセットすれば準備OK。作業が終わればそこが即宴会場に早変わりというアイデア囲炉裏だ。

より雰囲気を出したい場合には、天板の表面をバーナーで焦がしてから、金だわしでこすりとり、よく絞ったタオルなどできれいに拭き取った後にクリアラッカーで吹き付け塗装するといった手順で古材風に加工するとさらにグッド。

もちろん、天板をはずせば元の一輪車に簡単に戻る。作業を終え、庭先でちょっと一杯飲るときの気のきいたアイデアだと思うのだがどうだろう。

WOOD STOVE

PART 3
薪ストーブを楽しもう

木の香りと生の火の暖かさの
素晴らしさを一度味わったら、
もう薪ストーブを離せない。
ガラス越しの小さな火を遠目に見つめていると、
だんだんに身体がリラックスしていくのがよくわかる。
ついでに美味しい料理もできるっていうんだから、
もう、最高です…。

- **製作者**　栗栖昭夫さん、62歳、自営業
- **DIY歴**　4年
- **製作費用**　約10万円（設置費用）
- **製作期間**　約7日（設置、炉台、炉壁）
- **使用ストーブ**　エンライト ミディアム（ダッチウエストジャパン）
- **主な材料**　テラコッタタイル（炉台）、ブリックタイル（炉壁）

山梨県北杜市●栗栖邸

別荘ライフの主役は DIY設置の薪ストーブ

写真◎冨士井明史

1台で別荘全体が暖まる驚きの暖房力

山梨県北杜市に建つ、栗栖昭夫さんの別荘は、自身でセルフビルドした夢の結晶。早くから「別荘は薪ストーブ」というイメージを持ち、別荘と同時進行で炉台を製作し、設置も自力で行なった栗栖さんだ。炉台はテラコッタタイルで、薪ストーブが映えるブリックタイルの炉壁は、奥さんら女性陣が奮闘して張った。家族が愛情を注いだ夢の薪ストーブライフはこうしてスタートした。

「別荘のほぼ中心部に設置してあるのですが、壁を隔てた場所まで暖まるのに驚いています。暖かさにムラがなく、部屋のどこにいても暖かいんです」

と大満足の栗栖さん。奥さんも、

「薪ストーブのループトップで作るシチューは野菜が煮崩れしないし、おいしいんですよ」

と主婦目線の驚きを明かしてくれた。アナログながら、最先端の電化製品に負けないないポテンシャルを秘めた薪ストーブの魅力。次は薪小屋作りを構想中とのことで、別荘ライフはますます充実しそう。

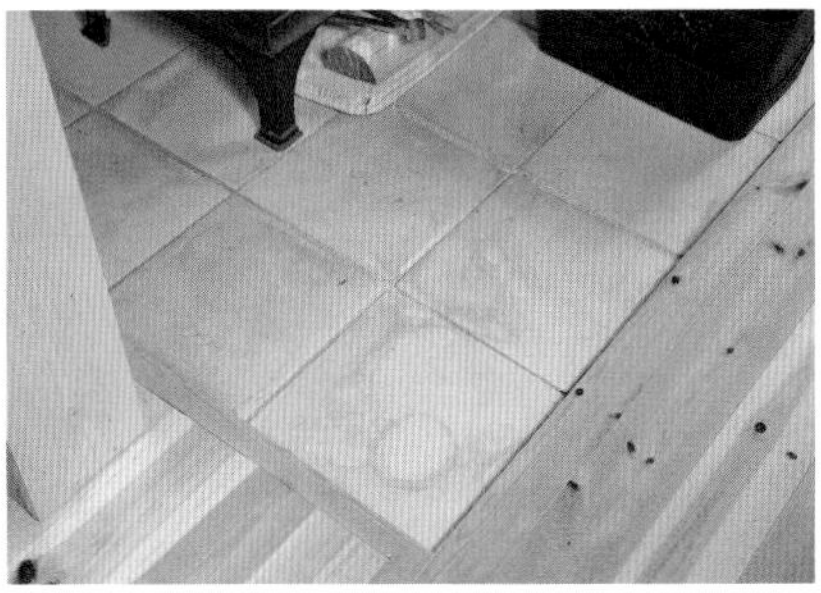

炉台は300㎜角のテラコッタタイル。基礎にコンクリートを打ってある

屋根の外に出た煙突の様子がこちら。屋根から真っすぐ伸びた二重製の煙突だ

薪ストーブの配置図

煙の吸い込みがよいストレートの煙突

薪ストーブから一回も角度をつけず真っすぐ伸びた煙突。この構造は煙をどんどん吸い込むため、着火が楽なうえに、タールや煤もつきにくいという理想的な設置スタイルだ。ストレスのない薪ストーブライフを約束してくれる。屋根との干渉部分は耐熱を考慮してケイカル板を張り、専用のステンレス金具で固定している。

＊単位は㎜

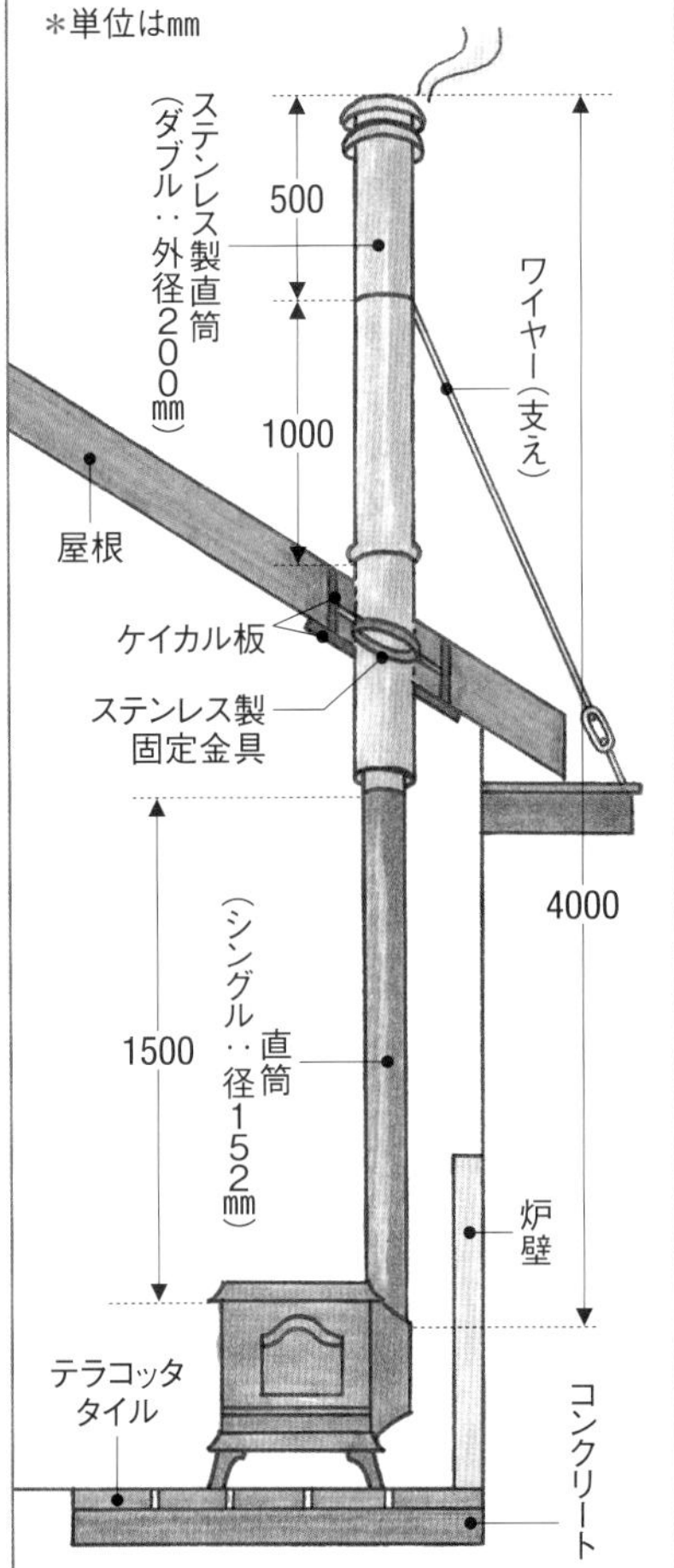

炉壁のブリックタイルはデザイン的にも動きのある張り方で、薪ストーブの重厚感に柔らかみをプラス。鉄製の薪台も手作りだ

「薪をくべたりして手をかけるアナログな作業も薪ストーブの楽しみ」と語る製作者の栗栖さん

「揺れる炎を見ていると安らぎます。最高の癒しの空間です」と大満足の薪ストーブは老舗のダッチウエストジャパン製

製作者	斎藤明久さん、50歳、会社員
DIY歴	13年
製作費用	5000円（設置のみ）
製作期間	1日（設置のみ）
使用ストーブ	不明（ホームセンターの通販）
主な材料	煙突（シングル）、メガネ石、二ツ割、支え脚

栃木県さくら市●斎藤邸

3坪工房で 薪の燃える音を聞きながら 木工三昧

写真◎高島宏幸

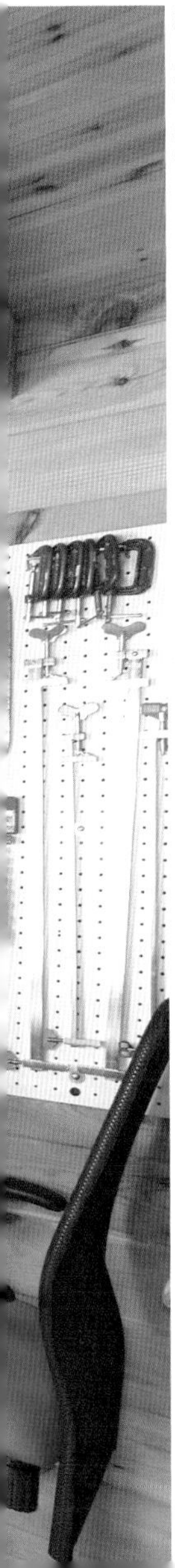

約３坪の工房にちょうどよく、サイズといいデザインといい趣味部屋にぴったりの薪ストーブだ

庭に建つ斎藤さんのミニログ。煙突は、煙の通りを良くするために、直立した部分が水平部の約1.5倍になっている

市販品をうまく利用して低コストに

マイホーム購入からＤＩＹに熱が入り、今ではミニログのマイ工房を持っている斎藤明久さん。氷点下５℃まで下がる冬の寒さを考えて石油ファンヒーターを買おうとしたが「せっかく建てたミニログだから、それに似合うストーブに」とひらめいたのが薪ストーブだった。

ブランドにはそれほどこだわらず、ホームセンターのネット通販で2〜3万円で購入。炉台や炉壁は、部屋を少しでも広く使うために石膏ボードと鉄板を組み合わせた市販品を使った。煙突はすべて一枚板のシングルで、熱くはなるものの小さな子供がいるわけではないからとコストパフォーマンスを優先。本体の安さに加え、費用わずか５０００円での設置を実現させている。煙突の取り付けはもちろんＤＩＹで、水平部を短くして煙の通りをよくするなどの工夫も十分。

壁に穴をあけるなどの作業が思い切ってできるのも、自分の城ならでは。思い通りの薪ストーブを手に入れ、パチパチと薪の燃える音を聞きながら大好きな木工に没頭する斎藤さんだ。

薪ストーブの配置図

壁の穴あけは小径のドリルでも可能

煙突が突き抜ける部分の壁には、煙突穴のあいた「メガネ石」という断熱材をはめ込むのが一般的。メガネ石をはめる穴をあけるために、ドリルで小径の穴をいくつも貫通させることで地道にくり抜いた。また使用した煙突は、450㎜と900㎜の長さのものを組み合わせ、どれもカットせずそのまま使用しているので手間いらずだ。

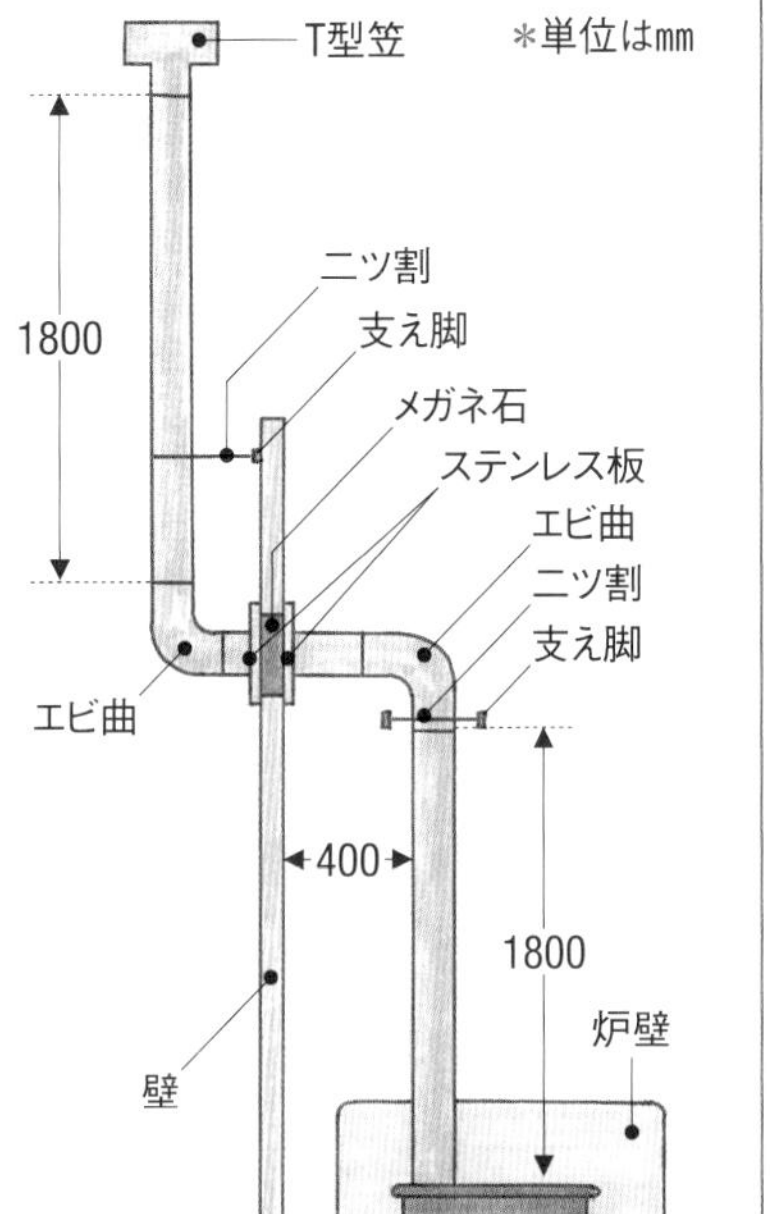

「ミニログには十分の暖かさです。ついつい時間を忘れますね」と大満足の斎藤さん

煙突は、エビ曲といわれる接続用のパーツを使って曲げ、壁にはめたメガネ石（写真ではステンレスのカバー付き）を通って外へ

炉台&炉壁はレンガでの手作りも考えたが、省スペースを狙って市販の既製品に

埼玉県比企郡●大井川邸

炉台作りでもっと愛着が増した夢の薪ストーブ

写真◎高島宏幸

薪ストーブ眺めながら、家族でくつろぐ大井川さん一家。奥さんや友人も協力した炉台作りだった

初めてのレンガワークで炉台作り

長年の夢だったログハウスを手に入れた大井川靖宏さん。ログには薪ストーブというのも昔から決めていた。そこで選び抜いた薪ストーブはノルウェーの伝統的なデザインが美しいヨツール製。かなりの本格派とあって予算を大幅に上回ってしまったが、その予算オーバーがＤＩＹのきっかけに。

それまで木工やレンガワークの経験はほとんどなく、インターネットで情報を集めながらのＤＩＹチャレンジに、薪ストーブユーザーの炉台製作を徹底的に研究する日々が続いたという。

「炉台の下地になるコンパネを床に固定して、あとはレンガワークなんですが、モルタルのやわらかさもわからないし、試行錯誤の連続でした」

と振り返る大井川さんだが、目地を均一にするためスペーサーを使うなどビギナーらしからぬマメなテクニックで堂々の完成。

重さ２００kgの薪ストーブが無事設置できたときは感激したと笑いながら、

「多少なりとも、自分で手掛けた部分があるだけで満足度が全然違いますね」

という言葉が印象的だった。

縁との境にほんの小さな三角形のレンガがたくさん入っているのが見える。ディスクグラインダーによる細かいカットは根気のいる作業だった

縁のレンガを一部寝かせて低くし、灰や薪クズの掃き出し口を作った。掃除のしやすさを考えたアイデア

炉台&炉壁の上面図

斜め張りで変化のあるレンガ敷き

コンパネにモルタルを塗って下地を作り、レンガを敷き並べた炉台。パターンは壁に対して45度の角度をつけた「馬踏み」と呼ばれるデザインだ。細かいカットが必要になって手間はかかるが、コーナーに広がりが出て変化がついた。縁を若干高くしてメリハリをつけながら、掃除しやすいよう掃き出し口を設けたひと工夫が光る。

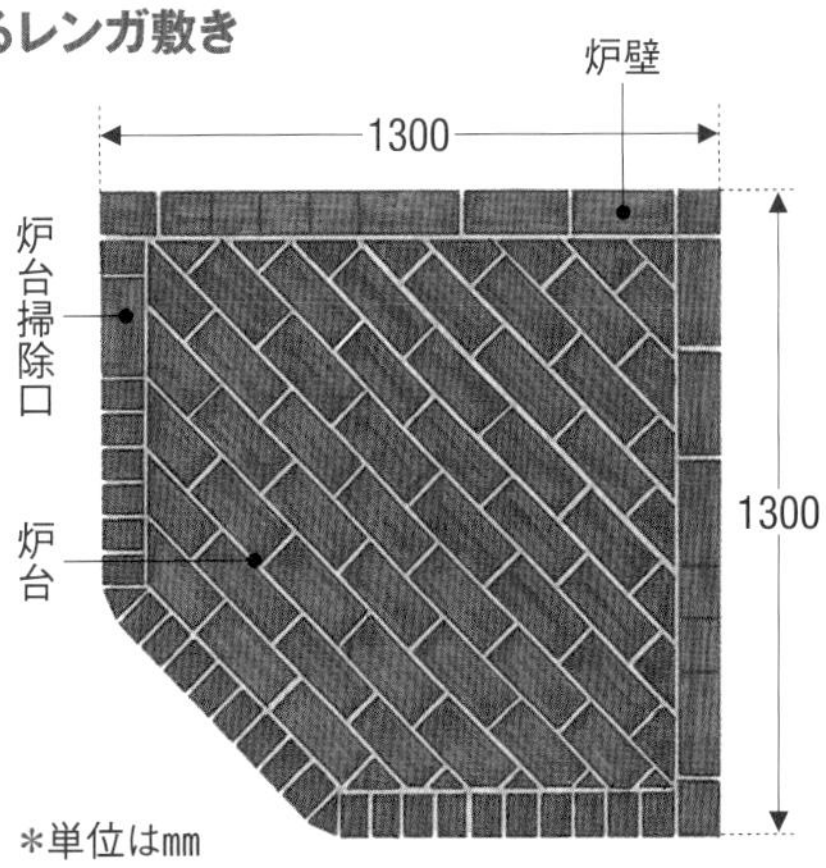

＊単位は㎜

DIY熱に火がついて、開閉式のフェンスも手作り。小さな子供がいても安心だ

製作者	大井川靖宏さん、40歳、会社員
DIY歴	5年
製作費用	約2万円(炉台のみ)
製作期間	7日(炉台のみ)
使用ストーブ	ヨツールF500
主な材料	赤レンガ(焼きすぎ)150個、コンパネ(12㎜厚)

北欧製の薪ストーブにはやはりレンガが合う。よくそろった美しい目地は10㎜のスペーサーを使いこなした結果

手作り薪ストーブウオッチング

薪ストーブに憧れたときから、そのスタイルも無限に広がっていく。
リビングだけでなく、工房、ガレージ、アウトドア、使いたいシーンはさまざま。
目指すスタイルを実現するには、やっぱり自作。
DIYのアイデアが満載です！

PART 3
薪ストーブを楽しもう
WOOD STOVE

使用資材は、厚さ6㎜と9㎜の鋼板、50㎜角アングル、厚さ3.2㎜の角パイプなど

正面のドアガラスには試行錯誤の末にケーキ用耐熱皿を使用

燃焼室と灰受けトレイ。灰受けトレイのサイズは、幅460×奥行265㎜

ピザもこんがり、オーブン付き薪ストーブ

メインの燃焼室の上部にオーブンを備え、クッキングストーブとして機能する力作。外気導入ダクトや吸気と排気ダンパーを装備し、いつも良好な燃焼がリビングを暖め、ピザのできあがりも格別。取っ手に使われているのはなんと自転車のクランク

縞鋼板の凹凸が個性抜群！

偶然見つけたアングルの架台をきっかけに手作りした薪ストーブ。本体には縞鋼板を使用し、溶接で組み立てた。掃除しやすいように要所要所バラせる工夫を施したという、愛情あふれる作品だ。燃焼効率を上げるため本体上面から7～8㎝のところにバッフル板を装備

フタをはずしてダッチオーブンを置けば、
煮込み料理を楽しめる

どっしり鎮座する円柱スタイル

ガレージで使うためスペースをとらないようにと円筒ベースで製作。内部はシンプルな構造だがゆがみ軽減を狙って12㎜、10㎜といった厚みのある鉄板を使用したため、冷めにくく優秀な薪ストーブに。正面の覗き窓にはオーブンレンジのガラスを再利用

本体の中はこんな状態。写真右側がオーブン、左側が火床

天板に丸い穴をあけており、直火炊きもできる

焚き火利用もできる組み立て式ストーブ

薪ストーブだけでなくバーベキュー、ダッチオーブン料理、直火炊きなどさまざまな使い方ができるマルチな1台。火床から本体をはずせる構造で、焚き火台や囲炉裏テーブルにも変身する。ネジなどを使っていないので設置や撤収も簡単

電気温水器のタンクを再利用

ステンレス製のタンクを使った薪ストーブ。ステンレスに直接火が当たらないよう、燃焼室の内側に金網を張って二重にしてある。周囲にめぐらせた自然木のテーブルがポイント。樹齢約200年のイブキの木を使っている

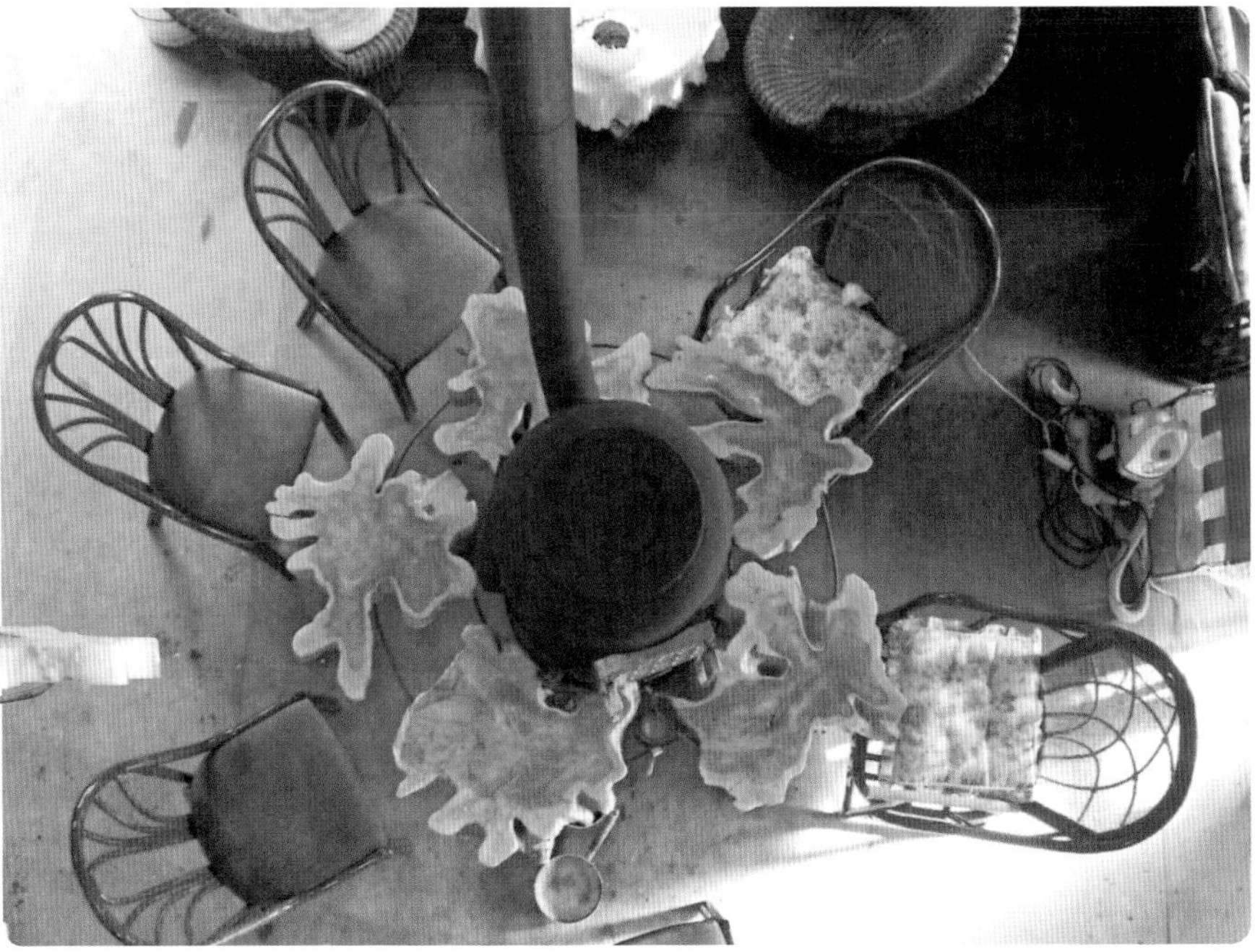

周囲に取り付けた5枚のテーブルが個性的。庭にあった木をそのまま輪切りにしたもの

変圧器を再利用した薪ストーブ

本体に変圧器の容器を使ったアイデア作品。両側面と背面を二重壁にして、冷気を下部から通して上部に放出する工夫もあり、吹き抜け10畳の部屋もしっかり暖まる。上部にはオーブンを備え、料理も楽しめる

こちらは以前に製作した初号機。当初からメーカー同等の機能が目標だった

冬キャンプのおともに スリムButパワフルな1台

テント内で使えるようにと製作された、思い切りスリムな薪ストーブ。薪4本で一杯だが、2次燃焼まで可能な構造やダクトの装備、長くとった煙道など高性能な本格仕様。クールなステンレス・ボディはキャンプ場でも視線を集めそう

サウナで活躍! ペレットストーブ

薪の代わりに木質ペレットを燃やすペレットストーブ。スペースの少ないサウナルームでもコンパクトに使える。本来のペレットストーブはファンモーターで燃焼を助けるものだが、本作は自然の対流だけで燃える構造を実現。火力が必要なときはコークスを併用している

工夫ポイント満載の オールステンレス

組み立て式でキャンプに持って行けるアウトドア仕様の薪ストーブ。長い煙突でテントの外へ排気する構造になっている。鍋をおいて調理に使える天板、ピザも焼ける燃焼室、直接触れないようガードのついた側面など工夫がいっぱい

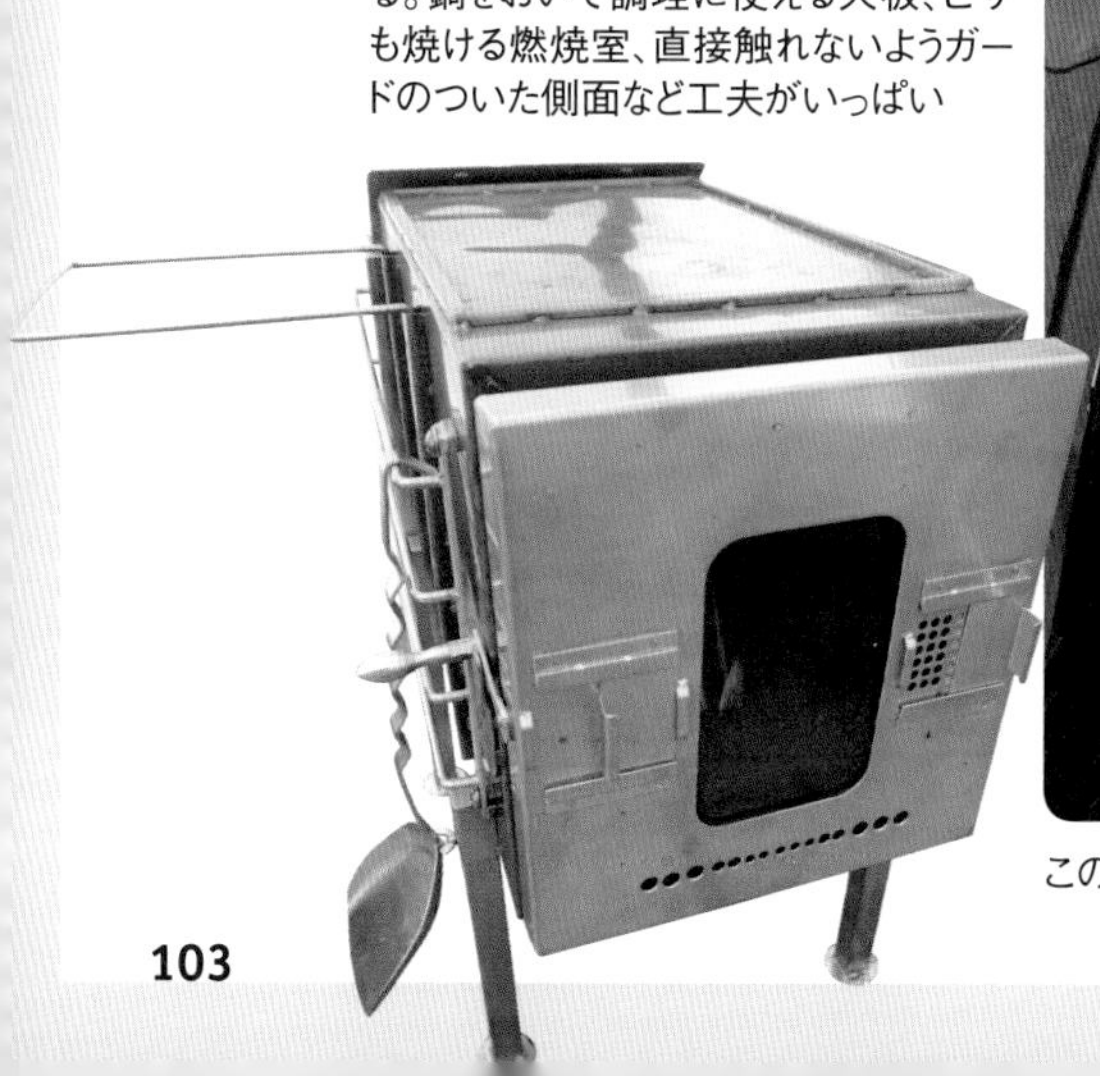

このストーブを使えば、外気が氷点下でもシェルター内は20〜25℃になる

快適薪ストーブ利用講座

憧れの薪ストーブ。
でもいざ設置となると、知りたいことは山積みだ。
床や壁はどうする? 煙突は? メンテナンス方法は?
基本からおさらいしたいあなたに贈る
薪ストーブ完全ガイド。
さあ、夢の薪ストーブライフへ、
はじめの一歩を踏み出そう!

薪ストーブの基本構造を知る
わが家に合うのはどのタイプ?

ハイクラスの薪ストーブは価格が数十万円もするモデルも少なくない

薪ストーブは価格帯もデザインもさまざま。基本的には、暖房の仕方で大きく3タイプに分類できる。さらに現在は、図（P105）に示した要素に加えて、クリーンな燃焼のための触媒や、二次燃焼の装置が組み込まれるのが基本となっている。

もっともシンプルなタイプが、開放式。これは文字通り正面がオープンで、暖炉のように直接炎を眺めることができるのがメリット。雰囲気は十分だが、実は炎のすぐ前しか暖まらず、暖房効率は低い。開口が広すぎて、熱のほとんどは煙突から排気されてしまうからだ。

一方、炎で直接暖めるのではなく、炎でストーブ本体を暖め、その熱で周囲の空気を暖める方法が、輻射式。遠赤外線の形でじんわりと周囲に熱が伝わり、高い暖房効率を得られる。薪ストーブの主流はこの形だ。煮込み料理やカレー作りなどを楽しめるのも魅力。

ただ本体がかなり高温になるの

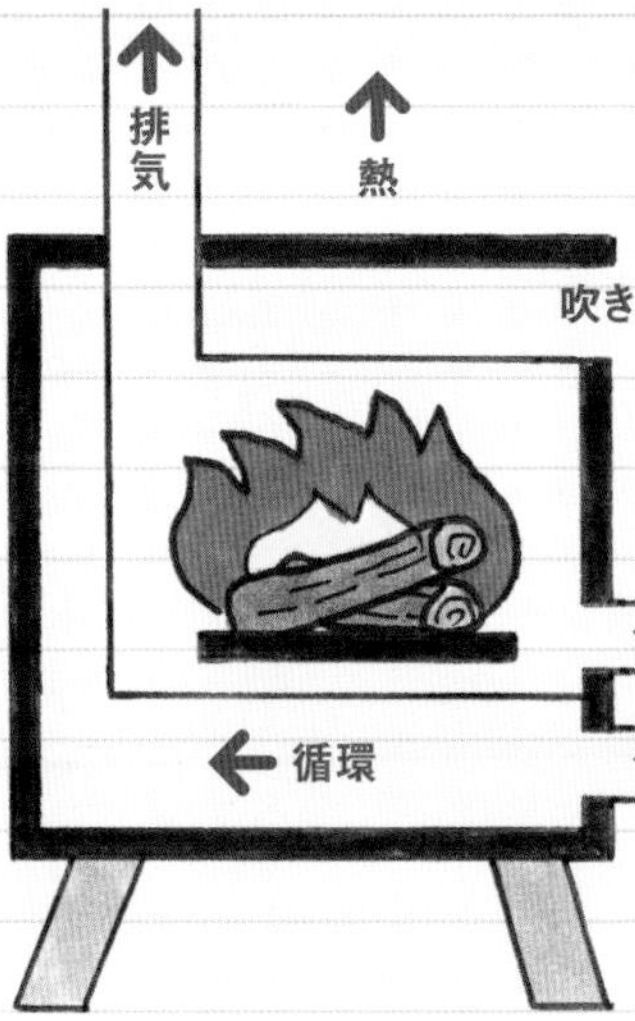

[対流式]

メリット

インテリア性が高い
本体が高温になりにくい

デメリット

暖まるスピードが遅い場合も

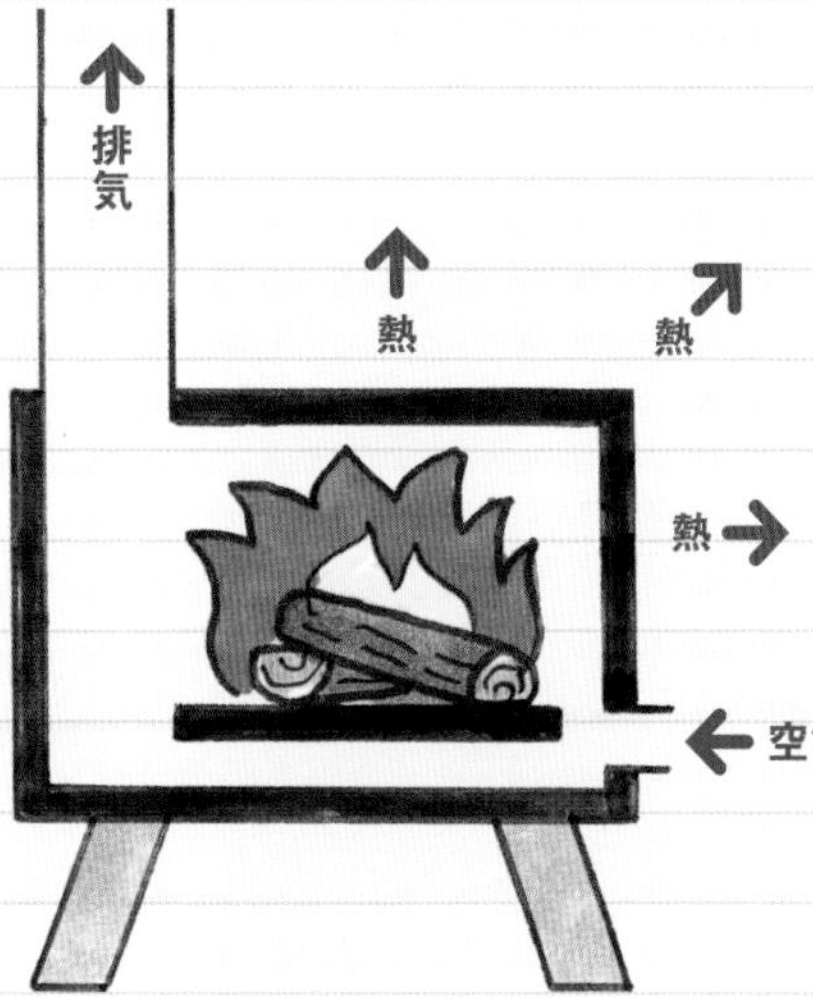

[輻射式]

メリット

暖房効率が高い
遠赤外線で芯から暖まる

デメリット

本体が高温になる

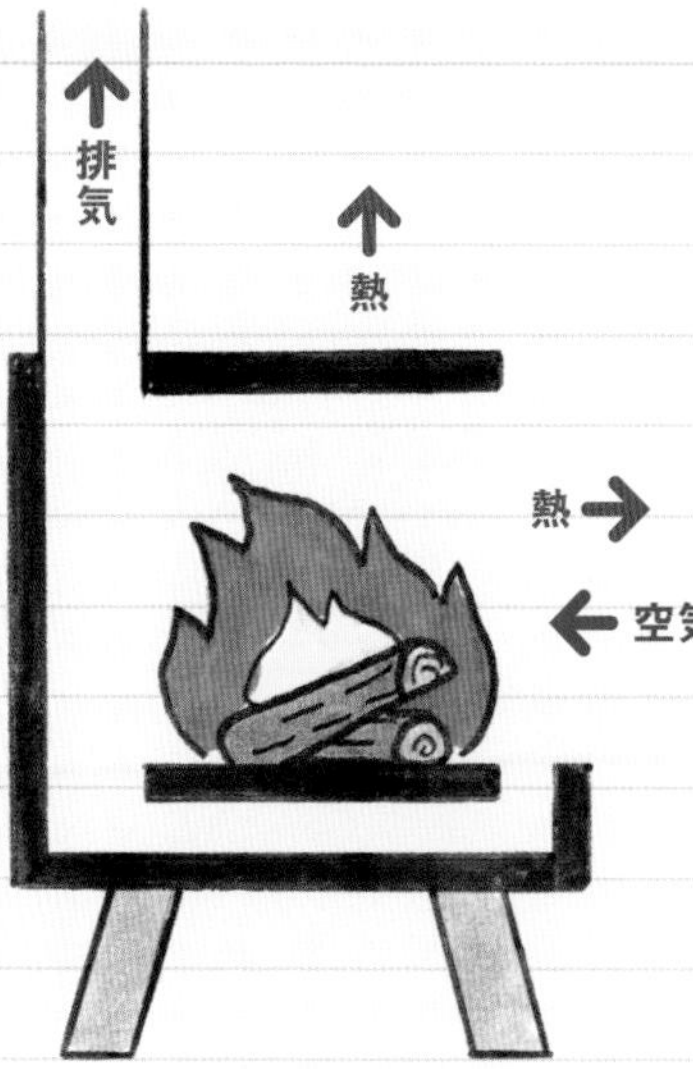

[開放式]

メリット

直接炎を眺めることができる

デメリット

暖房効率は低い

で、壁際に設置する場合は、床だけでなく壁も十分に断熱する必要がある。子供のいる環境では安全柵もぜひ設置しておきたい。

輻射式をベースに、ストーブをさらに外郭ですっぽりおおった形が対流式。これはストーブと外郭の間に生まれるすき間に空気の流れを作り、暖めた空気を室内に吹き出す方法。外郭でおおわれているため本体がそれほど熱くならず、壁近くでも自由にレイアウトできるし、インテリア性の高いモデルが多いのもこのタイプ。ただ、構造上ややスロースタートになる場合もある。

低価格ストーブから始めるのも手

ホームセンターには数千円の薪ストーブも並んでいる。素材の違いで分ければ、まず鉄板製が5000〜1万円、ステンレス板製で1万5000円を超えるぐらい、鋳物になると本体が3万円以上という感じだ。タイプは輻射式が多く、基本性能は十分備えている。気軽に購入できる低価格モデルから始めて、慣れたらステップアップしていくのも賢い選択。

ほとんど1万円以内で手に入る「時計型ストーブ」は、愛すべきB級薪ストーブの代表格

懐かしいダルマストーブは鋳鉄製。利用する広さによって大きさを選ぶと確実だ

断熱を考えた炉台と炉壁のプランニング

床や壁を熱から守るには?

輻射式で暖める薪ストーブの場合、本体から全方向に放熱するので設置場所に配慮する必要がある。室内の真ん中に設置できればもっとも無駄がなく理想的だが、現実的には壁際に置くケースが多いだろう。ストーブの放熱から壁や床を守り、熱を無駄なく室内へはね返す役割を果たす炉台・炉壁を作って、そこにストーブを設置する。

薪ストーブの表面温度は200~350℃にもなり、近くにある木材や可燃物は危険にさらされる。炉台・炉壁には、この熱を遮断する働きがなくてはならない。

炉台は、下地に不燃材を敷き、レンガやテラコッタなどで仕上げるのが一般的。不燃材は37㎜のALC耐火パネルなどがちょうどよい。炉壁も基本的には同じだが、できれば壁と炉壁の間にすき間(25㎜以上)を作ろう。このすき間が断熱層となり、より確実な遮熱につながる。空気層を確保するため、素材は鉄角パイプなどが望ましい。

また炉台や炉壁は、薪ストーブの背景となる大切な要素でもある。仕上げに使うレンガやテラコッタ選びで、薪ストーブがより映えるデザインになるように考えるのも楽しい時間だ。

レンガを積んだ炉壁と炉台の例。炉台には鉄アングルと不燃ボードも併用している

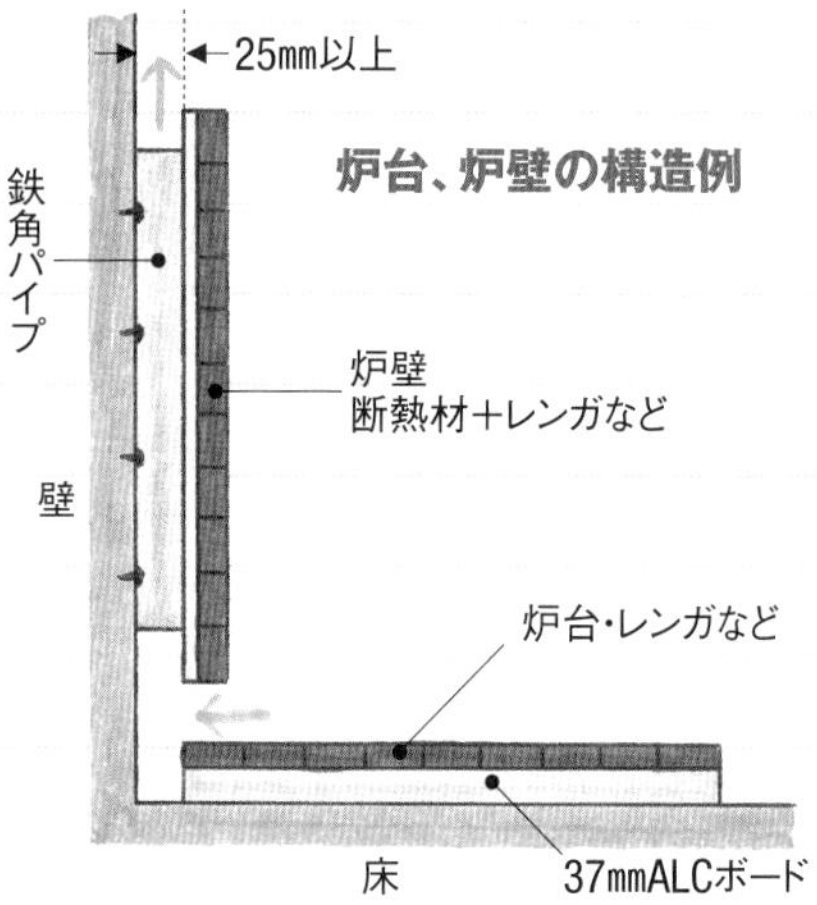

炉台、炉壁の仕上げ素材いろいろ

薪ストーブのたたずまいを決める、炉台・炉壁の仕上げ材。ホームセンターでさっそくチェックしてみよう。

テラコッタ

炉台の仕上げにぴったり。300㎜角のサイズなどが多く、大ぶりなので比較的少ない数ですむのもメリット

耐火レンガ

積んだり敷いたり、自在に扱える耐火レンガ。ナチュラルな質感が薪ストーブによく似合う人気の素材だ。直接炎が当たるわけではないので普通のレンガでもOK

ステンレスストーブ台

ストーブ台仕様に加工してあるステンレス板。並べたレンガの上にこれを置けば、あっという間に炉台のできあがり

タイル、レンガタイル

炉壁をポップに仕上げるならカラフルなタイルがおすすめ。レンガタイルは、レンガ積みそっくりの仕上がりをタイル並みの薄さで実現できる便利な素材。

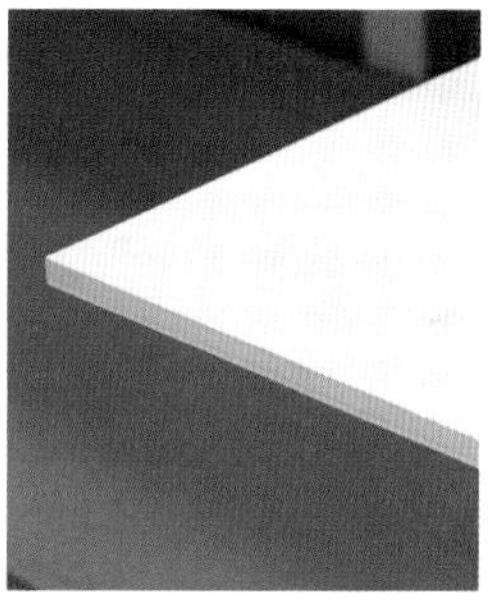

ケイカル板

不燃ボードのひとつであるケイ酸カルシウム板。木材で枠を作って鉄アングルなどで壁に固定して仕上げれば炉壁に。割れやすいので炉台には向かない

予算に合う素材選び、排気効率を考えた取り回し
煙突のプランニングって？

薪ストーブが十分に本領を発揮できるかどうかは煙突次第といっても過言ではない。なぜなら、排気効率のよい煙突は、いつも新鮮な空気を引き入れ、快適な燃焼を可能にするからだ。ポイントは煙突素材と、取り回し（屋根へ出るまでのコース作り）。

素材は、直径106㎜、120㎜、150㎜などの煙筒が主となり、ステンレスの薄板1枚でできたシングルと、二重にしてあるダブル（二重煙突）とがある。中を通る空気の温度が下がると上昇しにくく停滞を招きやすいため、煙道の冷えを防ぐために考えられたのが二重煙突だ。このふたつは価格差がかなりあるので、屋外部分だけ二重にするなどの組み合わせもありだ。専門店では断熱材を充てんした断熱二重煙突なども扱っている。

次に取り回しは、曲がりが少なければ少ないほど理想的。ストーブから真上に、真っすぐ屋根を突き抜けるのがベストだが、現実的には壁を抜けて外へ出すコースが多いだろう。曲がる回数をできるだけ減らし、角度もなるべく上昇を妨げない角度にする。

煙突にはさまざまなパーツが必要だ。図のようなプランの場合、本体パーツとして直筒、T曲（掃除できるよう下にフタ付きの穴がある）、エビ曲。壁を通る部分に使う断熱パーツが、四角で中央に穴のあいたメガネ石。外壁や屋根に固定する金具類が二ツ割や支え脚だ。煙突の先端には雨の浸入を防ぐ笠を備え、安定して空気が抜けるようにする。予算と設置条件を考え、ベストな煙突プランを立てよう。

煙突の筒部分が二重になっていて、通る空気の冷えを防ぐ「二重煙突」

薪ストーブから真っすぐ上に伸びるのが理想的な煙突の取り回しだ

煙突に角度をつけるときはできるだけ上向きがよく、90度にこだわる必要はない

DIY二重煙突はコストパフォーマンス◎

二重煙突はシングルに比較して高価で、とくに断熱二重煙突はかなりの高級素材になってしまう。しかし、ホームセンターでそろう素材を使って自作も可能だ。ストーブの径に合わせたシングル煙突と、それよりふたまわりほど太い径のシングル煙突を組み合わせ、間に断熱材を詰めれば、断熱効果のある二重煙突のできあがり。

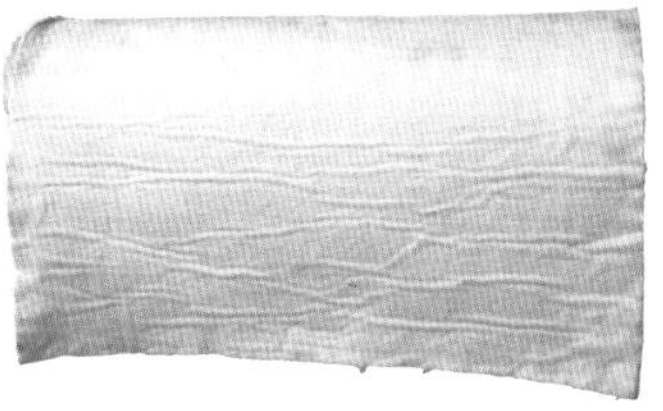

断熱材のひとつである「ガラスマット」。耐熱温度は600℃程度

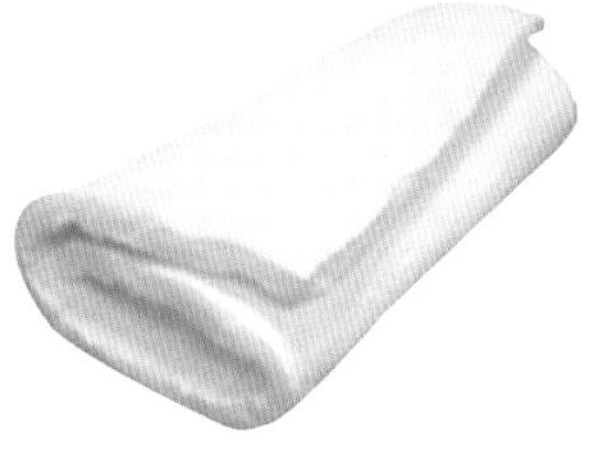

こちらの「眼鏡板用断熱材」はハサミでカットできる点が便利

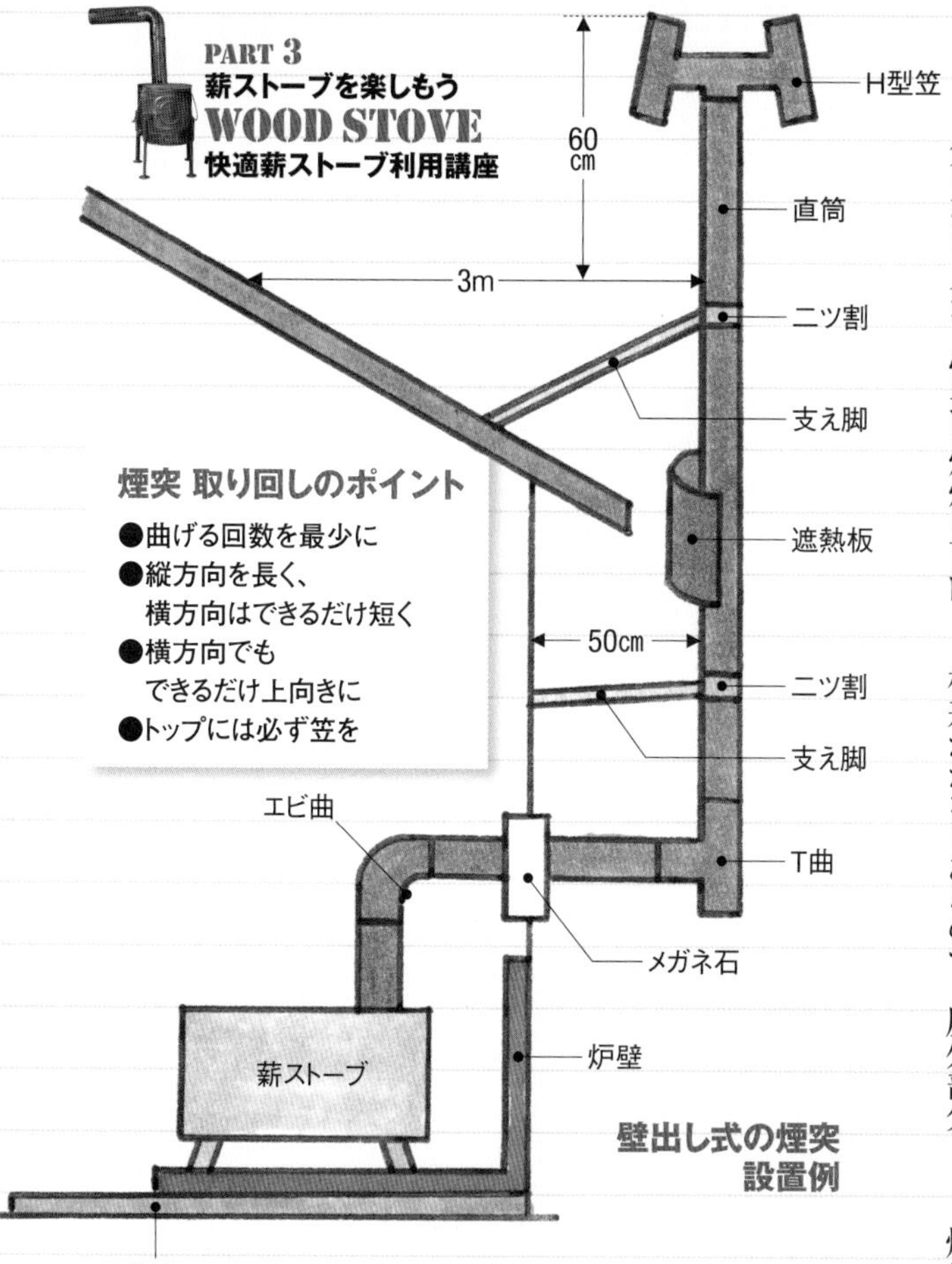

壁出し式の煙突設置例

煙突 取り回しのポイント

- 曲げる回数を最少に
- 縦方向を長く、横方向はできるだけ短く
- 横方向でもできるだけ上向きに
- トップには必ず笠を

よりよい薪ストーブライフのために

薪選びは？・点火・消火の方法は？

薪ストーブの燃料は薪。樹木ならなんでも薪にすることはできるが、樹種によって向く木と向かない木がある。

メインになるのは広葉樹。燃える時間が長く、高い熱量を得られるからだ。代表格は、ナラ（コナラ、ミズナラ）、カシ、ケヤキ、クヌギなど。針葉樹は、広葉樹に比べて燃焼時間が早く、煙突内にたい積しやすいタールや油分を多く含んでいるので、連続使用には向かない。ただ、短時間で勢いよく燃える特性を持つので点火時のたきつけ用に重宝する。

薪は基本的に、よく乾燥させることが重要なポイント。乾燥方法は、割って、風通しがよく日当たりのいい場所に保管しておくことだ。期間は、冬に伐採した木は1年、夏に伐採した木は2年とされるが、冬に伐採した木なら梅雨入り前までに割っておけばその冬に使えるというのが目安。しっかり乾燥した薪は軽く、乾いた軽い音がする。

点火方法は、炉の中に細めの薪を数本、テントのように三角に積み、ある程度すき間を作っておいて、焚きつけ用の薪や専用着火剤を入れて点火する。焚きつけ用の薪として、細く裂いた薪や針葉樹で用意しておこう。炎が安定したら大きな薪を足していく。鋳物や鉄板製のストーブの場合は、急激な温度上昇に注意する。

消火は、積極的に火を消すのではなく薪が燃え尽きるまでそのまま置いておくのが基本。またはすべての空気調節窓、ダクトなどをクローズして、空気の流入を止めることで自然に火が落ちるようにして消火する。水をかけるのは厳禁だ。

薪によい樹種のいろいろ

メイン使用	
広葉樹	ナラ（コナラ、ミズナラ）
	カシ
	ケヤキ
	クヌギ
	リンゴ
	サクラ
焚きつけ用	
針葉樹	スギ
	マツ

十分な量の薪をしっかり乾燥させて使おう。メインの薪と、細く裂いた焚きつけ用の薪と2種類あると点火が楽だ

トーチバーナーを使うのも手軽な点火方法。薪は井形に積んですき間を確保

すき間をあけて三角形に細い薪を積み、着火剤に火をつければ簡単に点火できる

私だけのマイストーブに育てる

メンテナンスはどうすればいい？

正しいメンテナンスで、より快適な薪ストーブライフを手に入れたい

一番大切なメンテナンスは、シーズンオフの煙突掃除。毎年煙突の中をきれいにしておくことは、ストーブ自体の性能を保ち、トラブルを予防するために欠かせない作業だ。とくに曲がりがある煙突はススがたまりやすいので注意。基本的な掃除方法は、上から下へブラシを通してススを落とす方法。必要なら分解して各パーツを点検しよう。難しい部分がある煙突は専門家に相談するほうが安心だ。

シーズン中の日常メンテは、窓ガラスの拭き掃除と、たまった灰を取り出して捨てる手入れ。取り出した灰に火種が残っていたら密閉容器（専門容器もあり）に入れて完全に冷えてから捨てる。灰はアルカリ性なので家庭菜園などにも有効。また新品ストーブは慣らし運転（少ない薪で2～3回使う）をしてゆっくりと熱をなじませるとよい。

薪ストーブは、設置条件や煙突形状、使い方、メンテ次第ですべてがその家ならではの個性をもっていく。目をかけ、手をかけて、自分だけの薪ストーブを育てていこう。

ホウキや火ばさみ、火かき棒、スコップなどは常にセットしておくと便利

米も炊ける。天板の開口部に土鍋を置いて20分ほど火にかけ、さらに20分ほど蒸らせばツヤツヤご飯に

おき火の中に五徳を入れてピザを焼く。外はカリカリ、中はもっちりの本格ピザが完成

天板の開口部を使って中華料理も。強い火力で野菜炒めも絶品の仕上がりだ

これも楽しみ!薪ストーブクッキング

薪ストーブは、いろいろな料理を楽しめるのもうれしい魅力。天板に鍋を載せれば煮込み料理を作れるし、薪がおき火になったところで五徳に食材を載せてストーブに入れればおいしく焼き上がる。また、低価格モデルには天板にフタがついているタイプが多く、このフタを取って中華鍋などを使えば強い火力で野菜炒めもできるし、土鍋を置いてご飯も炊ける。薪ストーブを手に入れたらぜひお試しを。

薪ストーブアクセサリーガイド

メンテナンスはもちろん
薪作りやストーブ料理に役立つ便利グッズがいっぱい！

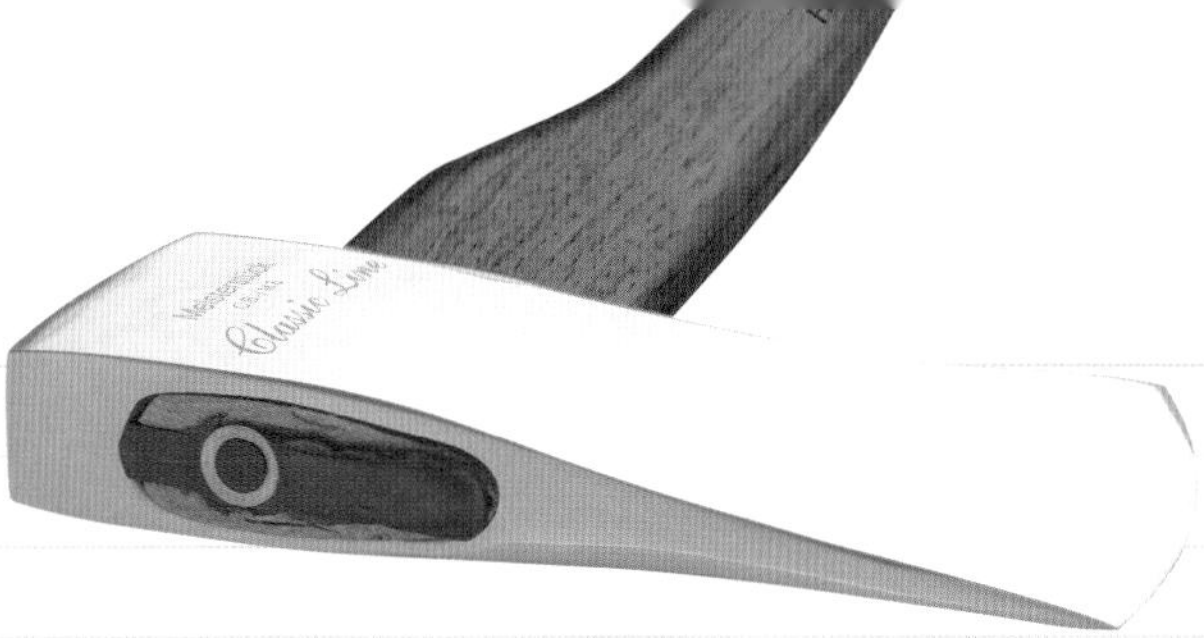

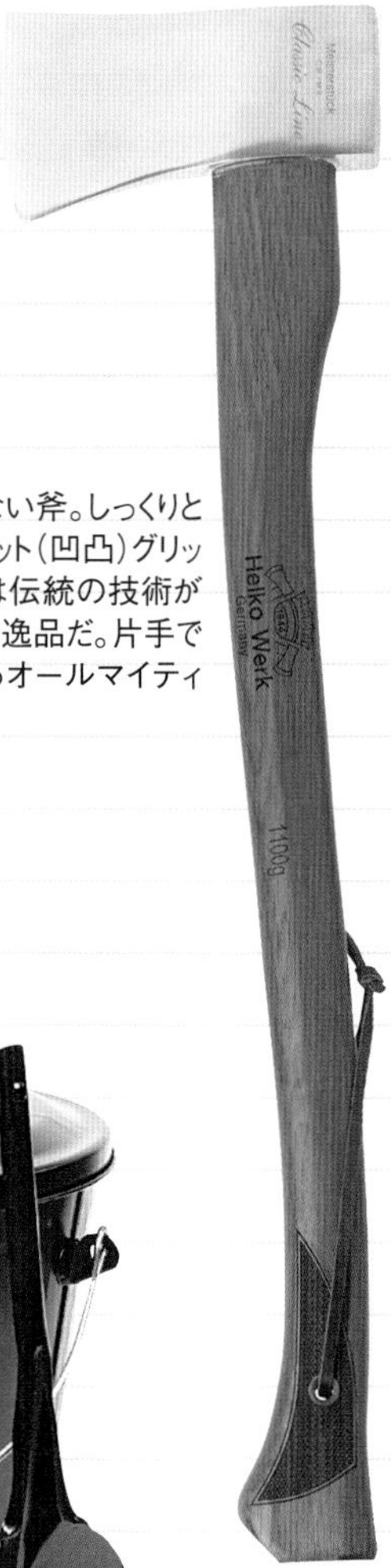

斧

薪割りに欠かせない斧。しっくりと手になじむローレット（凹凸）グリップが特長。写真は伝統の技術が生きるヘルコ社の逸品だ。片手でも両手でも扱えるオールマイティーな1本。

ストーブグローブ

薪を扱うのに欠かせない、丈夫な革製のグローブ。表面は牛革、裏地に耐熱性の強いケルパー材を使った、薪ストーブメーカーの純正品。袖を汚さない裾長が特長。

灰入れバケツとショベル

底を二重底にすることでより安全性を高めた灰入れバケツ。18〜23kgの灰を入れることができる。バケツ、ショベルともに耐久性のある黒色仕上げ。

ストーブ温度計

ひとつあると便利なストーブ用の温度計。黄色、オレンジ、赤に色分けされたメーターで温度変化がひと目でわかり、安心してストーブを使える。

着火材

安定した炎を手軽におこし、着実に薪に着火させる固形燃料。キューブ状で使いやすく、手も汚れにくい。バーベキューやキャンプにも。

スキレット8インチ

蓄熱性に優れた鋳鉄製のスキレット。100年以上も変わらないデザインは、使うほどに手になじむ"一生モノ"に。サイズは6、8、9、10インチがあり、写真は8インチ。

薪置き

フープ（輪）デザインが目をひくオシャレな薪置き。デッキに置いてもよいアクセントになるし、室内でウッドホルダーに使ってもいい。

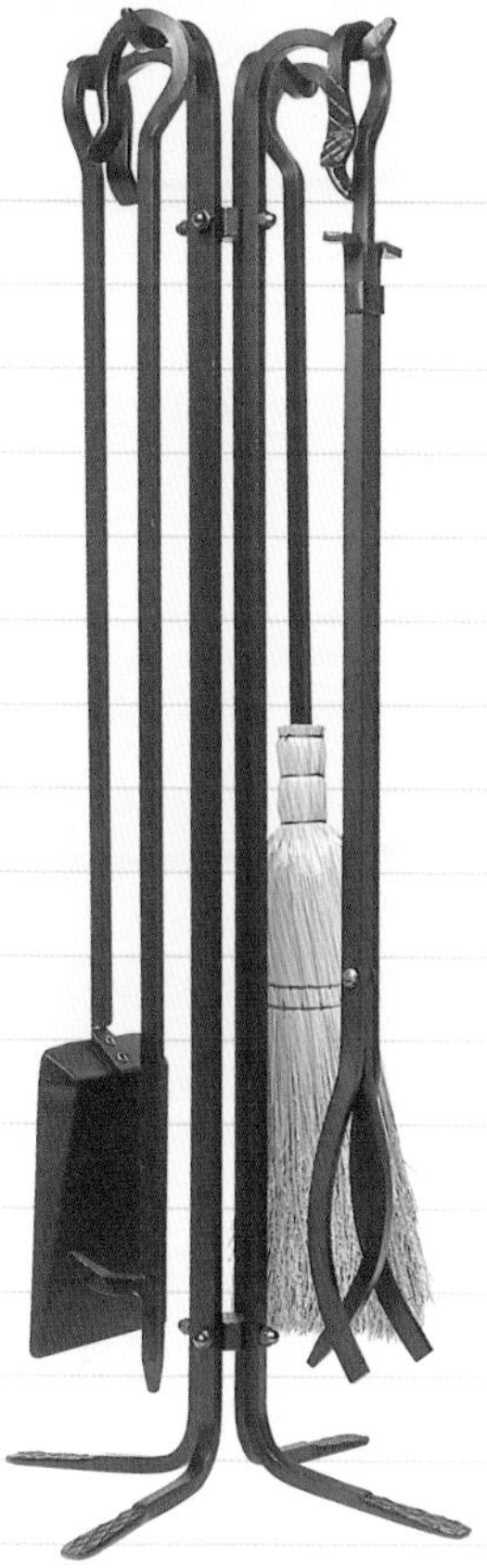

プレート炉台

ストーブまわりをしっかり断熱するプレート炉台。ブロック＋断熱材で取り付けも比較的に簡単だ。

薪ストーブ・メンテナンス用品

こまめなメンテで、いつまでも快適な薪ストーブライフを。左から耐熱性のストーブペイント、煙突内部のススやタールをはがせるチムニークリーナー、ガラスクリーナー、スプレータイプの耐火ペイント。

薪ストーブツールセット

ショベル、ブラシ、ポーカー（火かき棒）、大きめの薪も挟める火バサミなど薪ストーブの定番ツールがすべてそろった4点セット。すっきりした直線的なデザインはどんなストーブにもぴったり。

ゲート

子供のいる家庭ではぜひそろえたい安全ゲート。置くだけで簡単に固定できる5枚のフェンスで構成され、中央フェンスは開閉式のドアになっている。丈夫な鉄製で、薪ストーブに合う黒塗装仕上げ。

薪割り機

電気も燃料も使わないエコな薪割り機。背中や肩に負担が少ない設計でスムーズに薪を割るスライド式。子供からお年寄りまで、家族みんなで使える便利ツールだ。

半野外で使うなら
B級の時計型ストーブがおすすめ

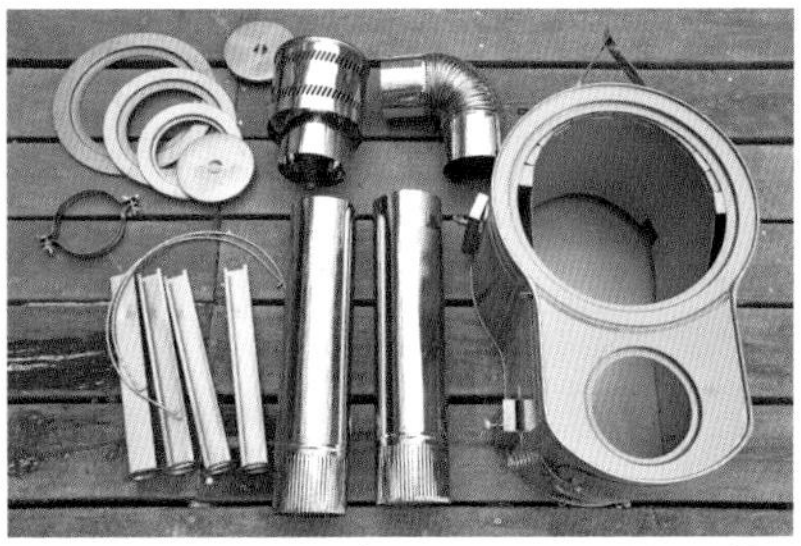

煙突と時計型ストーブのパーツ。この状態で持ち運びができる

時計型のB級薪ストーブ。デッキなどに置く時はタイルなどを敷き、しっかりと断熱すること。天頂のふたつの蓋に鍋ややかんなどを置けば調理ができる

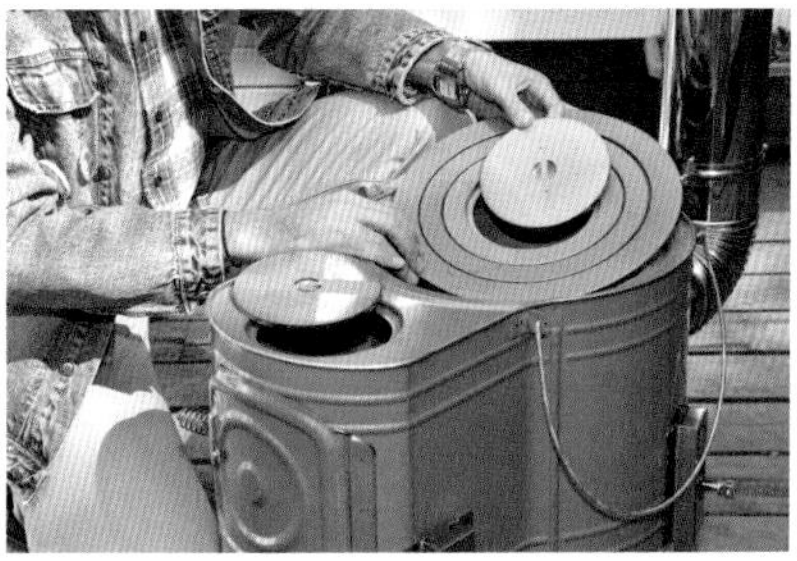

フタが輪っかになっていて取り外しが簡単。いろいろな形の鍋ややかんを安定して置ける

あっという間に組み立てができる

テラス、土間、コンサバトリー、庇のあるウッドデッキなど、「完全な野外ではないけれど、完全な屋内ではない」という半野外的な空間には、薪ストーブがよく似合う。それも、本格的なA級品ではなくて、安価で、設置&解体が楽で、もちろん十分な暖かさを確保できるB級薪ストーブがおすすめだ。

B級の薪ストーブは、冬の時期、大型のホームセンターなどで多く扱っている。たとえば、プロパンガスのボンベを改造したものとか、大昔、小中学校の教室に配備されていたダルマストーブなどがそうなのだが、なんといっても代表的なB級薪ストーブは、時計型といわれる小型の薪ストーブだ。

このストーブの魅力は、なんといっても安いこと。煙突を除いた本体は５０００円前後、煙突とのセットでも1万５０００円前後で購入できる。

また軽くてコンパクトなのも魅力だ。薄い鉄板、つまりブリキでできているので本体が約8kgと驚くほど軽い。煙突をばらしたり、ネジを緩めて脚を押し込むこともでき、大きめのコンテナにすっぽり入る。もちろんその逆の組み立ても簡単。そしてうれしいのは天頂の蓋に鍋ややかん、フライパンなどを置いて調理ができること。この蓋は輪っか状になっていて、この輪っかをはずしたりつけたりして、いろいろなサイズの鍋に対応できる。底の丸い中華鍋もすっぽり入って安定するのもまさにこの時計型ストーブならではの話だ。もちろん全部外して焚火状態にすることも可能。

そして最後に、もちろん十分暖かいこと。本誌スタッフが使ってみた時計型ストーブは最大出力が約３２００キロカロリー、暖房面積が約10〜15坪ということだが、これなら半野外でも十分に暖かい。

つまり、設置が簡単で、組み立ても簡単。暖かくて調理もできる。そんなわけで、冬の期間だけデッキやテラス、あるいは軒先などに設置し、野外の移動式のファイアープレイスにするという使い方をおすすめしたいのだ。もちろん、火傷や火事には十分ご用心してください。

薪ストーブを囲む分割式のアイデアテーブル&チェアを作ろう

デッキやテラスに設置した薪ストーブをじっくり楽しむために便利なのが薪ストーブをぐるりと囲むテーブルと椅子だ。当然市販品はない。

そこでアイデアいっぱいのミニテーブルと椅子を考えてみた。題して「段違いオクタゴン（八角形）システム野外テーブル&チェア」。

簡単にいえば、設置した薪ストーブを囲む分割式のテーブル&チェア。テーブルが4つ、椅子が4つに分かれ、くっつけると八角形＝オクタゴンになる。テーブルの天板と椅子の座面は全く同じ台形デザインで、単に高さが違うだけ。

つまり、薪ストーブを囲んで4人の人間が座り、サイドに小さなテーブルが置かれているという形になる。薪ストーブの上に鍋を置けば鍋料理、網を載せれば餅も焼ける。酒の燗もできる。火の勢いが強すぎて身体が熱すぎるときは、椅子とテーブルを外側に引けばいい。

写真は編集部が実際に作った例。天板にサイプレス、脚部には2×4材を使用し、組み立てた後に油性ステインで塗装してある。天板と座板の正確な角度切りができれば、薪ストーブを囲む使い方だけでなく、いろいろな形に変化させることができるという、まさにアイデアいっぱいの野外家具になるはず。制作時のポイントは、天板（座板）の形の型紙を作ることだ。

デッキに設置した薪ストーブを囲む分割式のテーブル&チェア。薪ストーブの上に鍋を置けば楽しい野外宴会ができる!?

組み合わせでいろいろな使い方ができるぞ

こんな形のテーブルも面白そう

4つのテーブルを密着させれば幅広のテーブルができる

テーブルをこんな形のカウンターにしてその前に曲がったベンチを置く

こんなへんなテーブルもできます

4つの椅子を真横に並べ、ベンチにするパターン

実践マニュアル❶

薪ストーブを設置する

ここでは、室内に薪ストーブを導入するときに、どうしても通らざるを得ない断熱や補強の方法、あるいは煙突を通して煙を外に逃がすためのメガネ石を使った方法などを実践した。安全に、快適に薪ストーブを楽しむための必須講座だ。

製作◎ドゥーパ！編集部
写真◎富士井明史、佐藤弘樹

薪ストーブを設置するガーデンハウス内部。設置前の状態

薪ストーブを安全に設置するインテリアの改装

薪ストーブを安全に楽しむためのポイントは、壁、床への断熱対策。これは、炉壁、炉台という建物の壁、床にストーブの輻射熱が当たらない設備の設置と、スムーズな排気のレイアウト、つまり煙突の配管をいかにシンプルに組み立てるかということだ。

薪ストーブが土間やコンクリート土間の真ん中に置かれ、周囲の壁から1m以上離れているならば、炉壁も炉台も設置する必要はないが、フローリングの上に壁を背に設置するなら、炉壁と炉台を設置する必要がある。

これは、薪ストーブから発生する熱を遮断するためで、断熱対策なしに木造住宅で薪ストーブを使い続けると、木材に熱が溜まり、知らないうちに、何年もかけて木材が低温炭化して、低い温度で発火、火災となることがある。土間、コンクリート土間には低温炭化という現象は起きないので炉壁や炉台の設置は必要ないというわけだ。

ただし壁もしくは屋根を貫通する煙突まわりのメガネ石はどんな設置状態であっても必要となる。

炉壁、炉台をデザインする

部屋の真ん中に薪ストーブを置き、屋根を貫通させて、真っすぐ上に煙突を出すというデザインが可能なら、それにこしたことはないが、ガーデンハウスなど限られた面積の中では、壁を背にして薪ストーブを置くということが多いだろう。その条件では、炉壁、炉台の設置は絶対必要なものになる。専門業者の施工例では厚さ37㎜のALC（発泡コンクリート）ボードを下地に、レンガを敷いたり、積んだりして作ることが多いが、37㎜のALCボードは業者間でしか流通していないので、DIYではそれに変わる断熱材を選んで工夫する。

今回、ガーデンハウス内に設置する炉壁と炉台は、空気層を設けた上でコンパネを下地に、中間層に断熱性のある12㎜厚さのケイカル板を挟み、仕上げはモルタルを塗った上に軽量の張りレンガ「かるかるブリック」やタイルで仕上げている。それぞれの断面が見えるとかっこ悪いので、塗装した2×4材をパネル周囲にまわした。

炉壁は、レンガなど重量のあるものを使うと床下や土台の補強なども必要になるため、軽量な資材を使っているのもポイントだ。

煙突は、高所作業がなく、DIYでも施工が簡単な横出し式にし、メガネ石を介して外に出した。

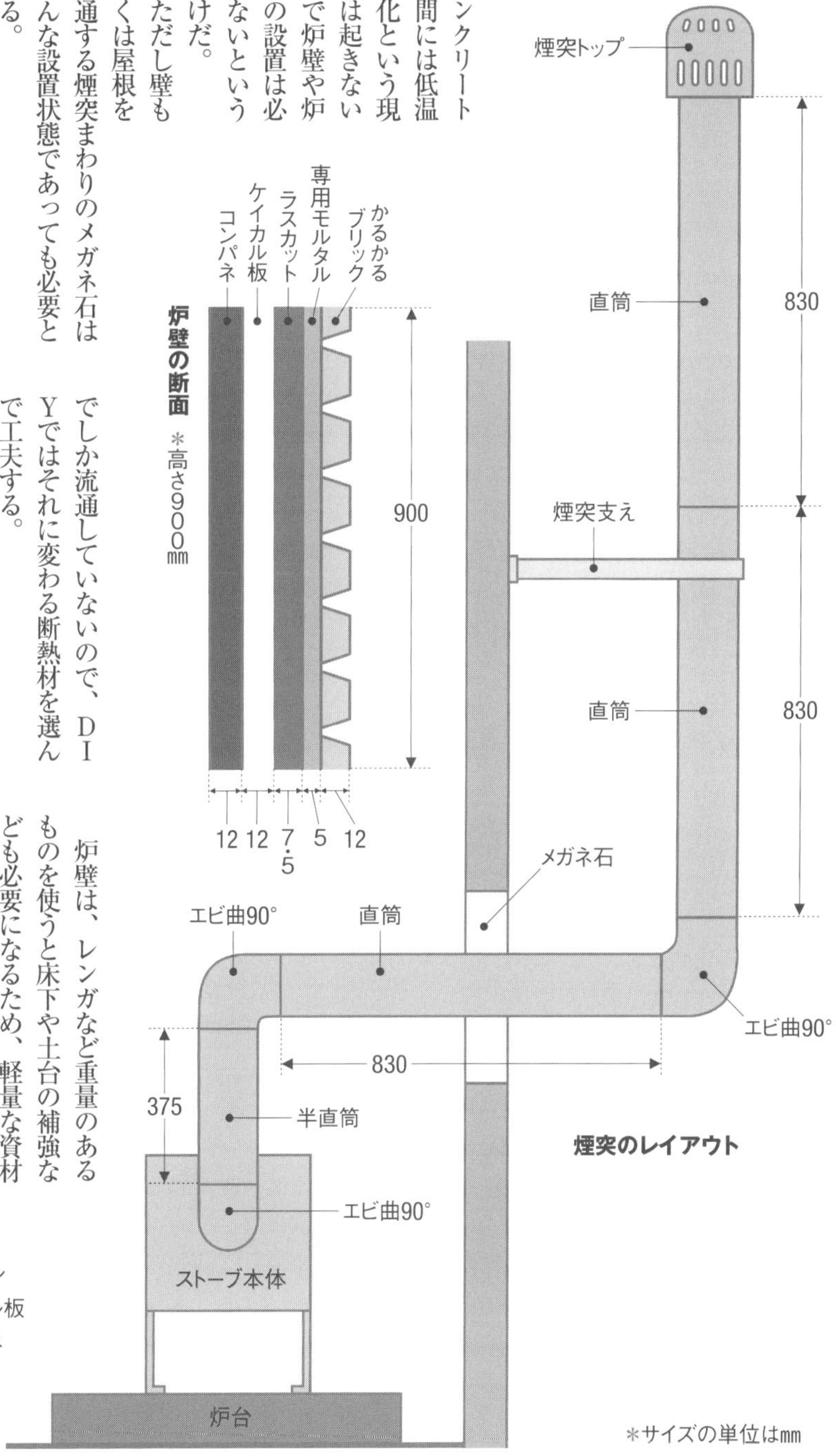

煙突のレイアウト

＊サイズの単位は㎜

用意した道工具

丸ノコ、インパクトドライバー、レシプロソー、ディスクグラインダー（ダイヤモンドホイール装着）、ゴムハンマー、左官コテ、目地ゴテ、左官バケツ、移植ゴテ、水平器、メジャー、サシガネ

用意した資材	サイズ	数量
コンパネ	1800×900×12㎜	2枚
ケイカル板	1820×910×12㎜	2枚
ラスカット	1820×910×7.5㎜	1枚
垂木	30×40×4000㎜	2本
2×4材	10ft	2枚
かるかるブリック	レンガサイズ	49枚
かるかるブリック専用モルタル		8kg
モルタル		約8kg
25㎜ビス、40㎜ビス、60㎜ビス		適宜
オイルステイン		少々

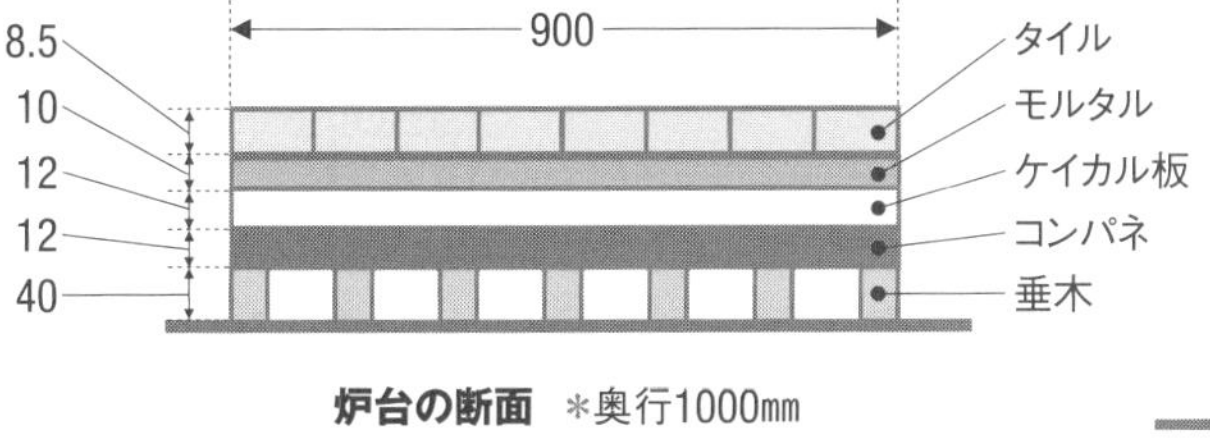

炉台の断面　＊奥行1000㎜

STEP 01 炉壁の下地を組み立てる

長さ500㎜に切って塗装した2×4材2本を炉壁の支えとして壁に固定する。これで炉壁背面と壁面のすき間は89㎜あることになり、掃除もしやすいし、空気層としても十分。2×4材のビス穴は60㎜程度座掘りして、長さ65㎜のビスで固定した。また2×4材は下に2×6材を置いて床から140㎜持ち上げた状態でビス打ちしている

壁に固定した支柱。床から支柱下端まで140㎜支柱の間隔は500㎜

支柱に下地の一番下になる厚さ12㎜、縦横900㎜のコンパネをビスで固定する。ビスは長さ25㎜

次に張るケイカル板は、じかにビス打ちすると割れることがあるので、3㎜径のドリルで下穴をあけておく

コンパネの上に固定したケイカル板。はがれないように、ビスは均等にまんべんなく打つ

3枚目は防火性能も高く、そのままモルタルも塗れるラスカット（ボード）の厚さ7.5㎜のものを、縦横900㎜にして、ケイカル板の上にビスで固定する

ラスカットを張り込んだ状態。ビスは下にあるケイカル板に打たれたビスを打たないように注意する。これで炉壁の下地本体は組み上がった

上から見た炉壁。壁から89㎜離れて、右からコンパネ、ケイカル板、ラスカットの順に重ねてある

炉壁の両側面にモルタルを塗るときのエッジと装飾になる2×4材を取り付ける

炉壁の上に長さ976㎜にした2×4材を笠木として取り付ける

組み立てのすんだ炉壁下地

STEP 02 炉台の下地を組み立てる

長さ1000㎜に切りそろえた30㎜×40㎜の垂木材を900㎜の幅内に均等に並べ。長さ976㎜の塗装した2×4材で前部を仮押さえする

垂木の上にコンパネを張った。垂木のすき間が断熱効果のある空気層

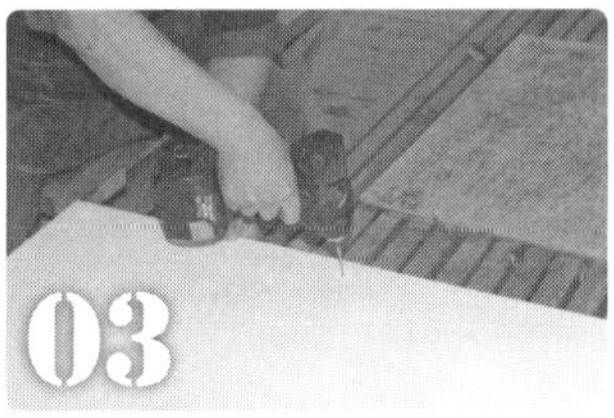

コンパネの上に縦1000㎜×横900㎜、厚さ12㎜のケイカル板を敷く。こちらもビス打ち前に割れ防止の下穴をあけておく

下のコンパネに打ったビスを避けながら、ケイカル板をコンパネの上にビス留めする

ケイカル板を張り終わった状態

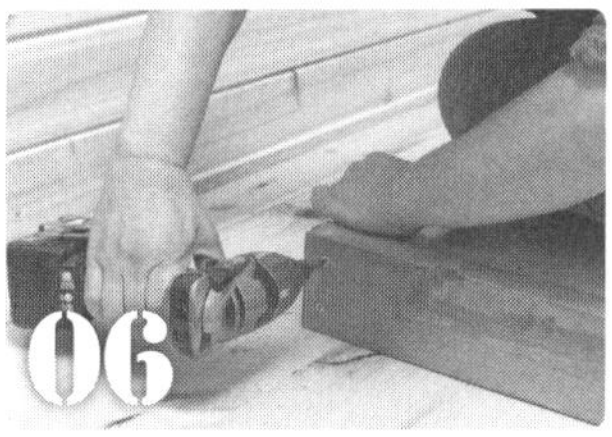

炉壁のときと同じように炉台の三方を2×4材で縁取る

下地組み立てのすんだ炉壁と炉台

STEP 03 炉壁を張りレンガで仕上げる

炉壁以外にモルタルが飛んでもいいように、ラスカット面の周囲を養生する

養生に使うマスカーと呼ぶ養生テープ。粘着テープと保護シートが一体になっていて、周囲を広く養生できる

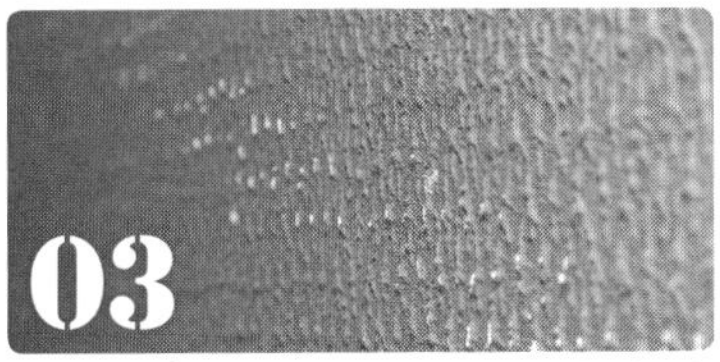

かるかるブリックを張るラスカットの面。そのままモルタルを塗れるように、特殊な素材で凸凹加工されている

壁面にかるかるブリックを仮置きして、1段の数、カットする枚数など、計算どおりか確認する

かるかるブリックの表面に長さをカットする墨線を引く

ダイヤモンドホイールをつけたディスクグラインダーで、かるかるブリックを必要な長さに切断する。ブリックの下に木片を敷いて切ると、割れたり弾けたりしない

専用モルタルは左官バケツにあけたら、水を加えて練るだけで使用できる

専用モルタルに少しずつ水を加えながら、耳たぶの固さぐらいになるまでまんべんなく練る

モルタル塗りの厚さは5㎜目安で、ラスカットに専用モルタルを塗る。かるかるブリック2段分くらいの広さずつ塗る。あまり広く塗ってしまうと、かるかるブリックを張る前にモルタルが硬化してしまいブリックが張れなくなる

900×900㎜程度の面積なので、水糸などは張らず、炉壁の縁を目安に張っていける。ブリックをモルタルの上にペタッと張り、手で振動させて、ブリックの周囲にモルタルが盛り上がってくるまで、押し込む

3段張れた状態。殺風景な炉壁がだんだんにぎやかになってくる。目地幅は10㎜が目安

一応全段張り終わった状態。下を張るときにモルタルがこぼれるが、養生してあるので、汚れる心配はない

目地ゴテを使って、目地を均す。見た目の好みで、目地は均しても均さなくてもいい

養生シートをはがせば炉壁の仕上げは完了。グラデーションのついたかるかるブリックは、かなりきれいだ

STEP 04

炉台をタイルで仕上げる

炉壁のときと同じように、マスカーを使って炉台の周囲を養生してから作業をはじめる

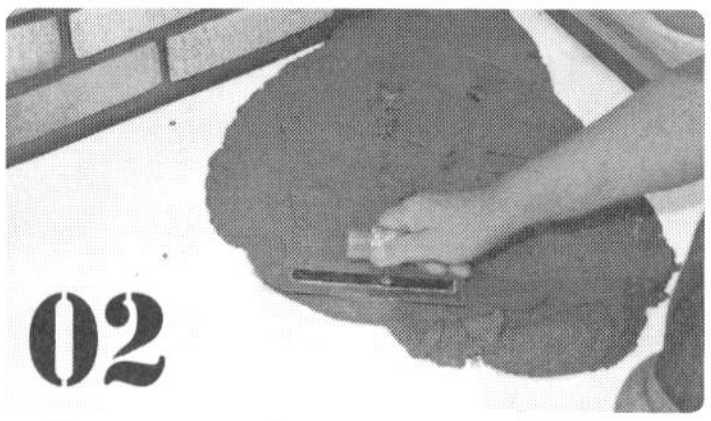

下地のケイカル板の上にモルタルを流し込む。ここのモルタルは普通セメントと砂を1対3で混ぜたものに、水を足してよく練ったものを使った

モルタルを下地の上全体に厚さ10㎜を目安にして、平らに塗る

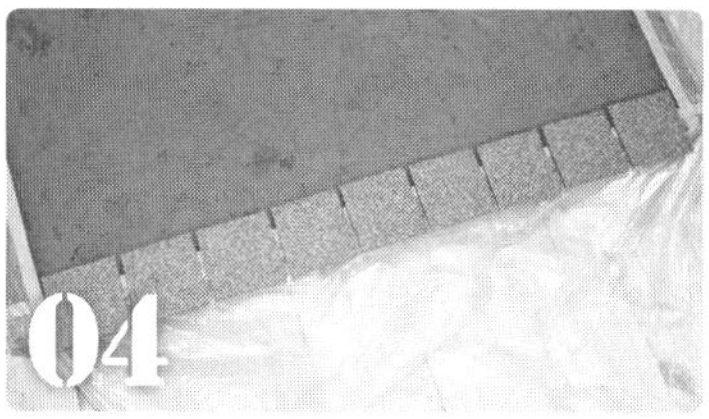

実際にタイルを置いて、ちゃんと並べることができることを確認する

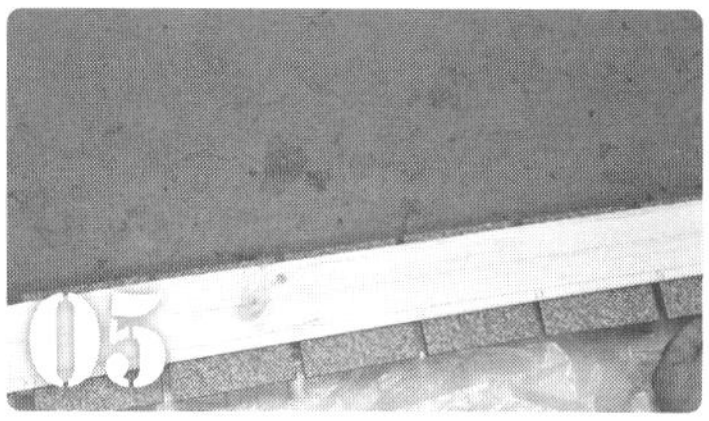

真っすぐで平らな板をタイルの上に置き、目地の位置を板に移して置く。これがタイルを置いていく目安の使い捨て定規になる

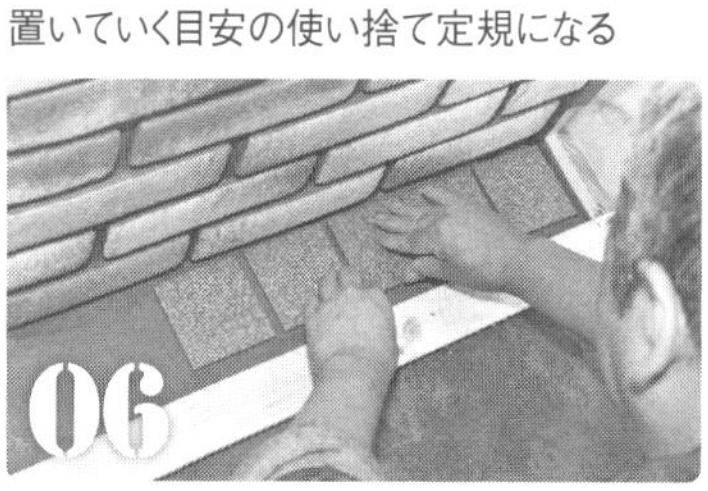

定規と、見た目のバランスで、並び具合を見ながらモルタルの上にタイルを押し付けていく。モルタルが固まる前なら、これでタイルは接着できる

モルタルが固まって接着できないときは、モルタルの上にセメントを水でゆるめに溶いたノロをまく。ノロが接着剤になる

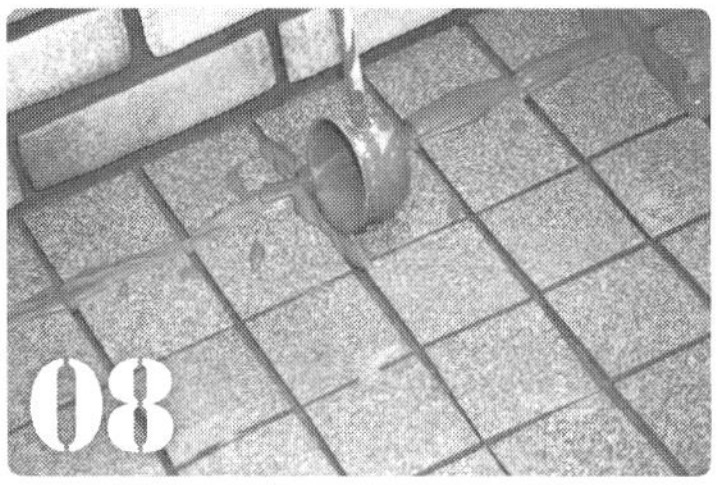

ノロを使って目地を埋め込んでいく。ノロはひしゃくで目地に流し込んでいく

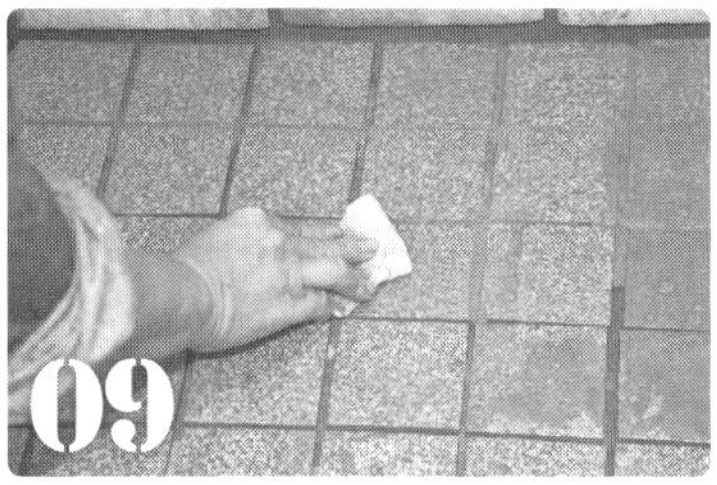

タイルの上に残ったノロは固まる前に、水に浸けてよく絞ったスポンジで拭き取る

マスカーを使った養生を取り外し、モルタルが乾けば炉台のタイル仕上げが完了

細かなパターンで敷ける100㎜角の磁器質タイル

磁器質タイルは、石英や長石、粘土などを1200〜1350℃で焼いたタイルで、熱に強く、硬い。この磁器質タイルの100角(約100㎜角)タイルは、広いタイルに比べて張り込みに時間と手間がかかるが、パターンが細かい分、仕上がりは上品だ。今回使ったタイルのサイズは92×92×8.5㎜。

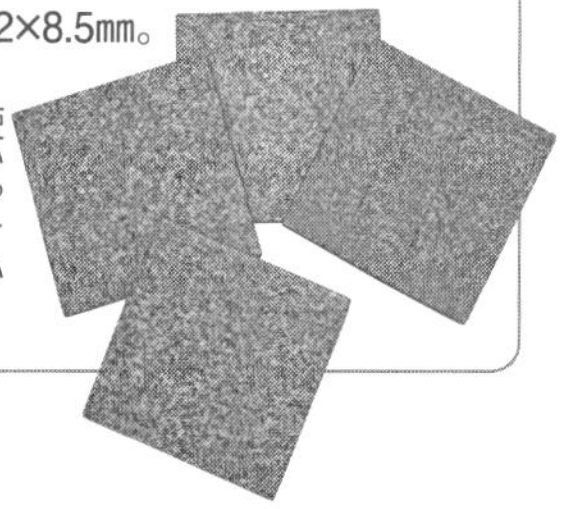

使いやすい100角タイル

簡単にレンガ積み風の壁が作れる「かるかるブリック」

かるかるブリックは1250度の高熱で焼成された磁器質の張りレンガで、名前のとおり水に浮くほど軽い。軽いのは発泡しているためで、このため断熱性も高い。Lサイズは215×65×12㎜、カラーは16色。60枚入り8700円。半分のサイズのSサイズ(95×45×11㎜)や、正方形の半丁、L字型のコーナー用など、用途に応じて様々なサイズがある。また両面テープ付きもあるので初心者でも簡単に施工できる。かるかるブリックの詳細・購入はインターネット上の楽天市場・タイルショップたまがわで検索できる。

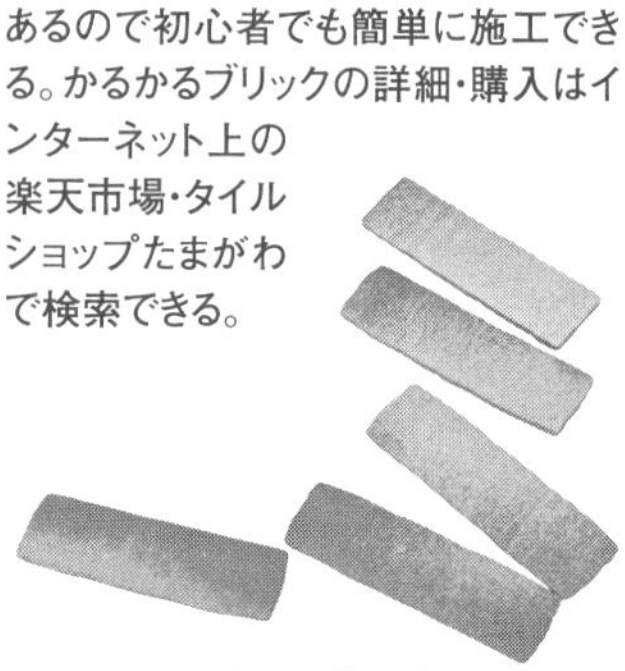

かるかるブリック

STEP 05

煙突を設置する

窓の四隅に当たる部分に10㎜径のロングドリルで、ジグソーのブレードを差し込むための穴をあける

穴からジグソーのブレードを差し込み、窓を切り抜く。最後にメガネ石カバーでフタをするので、切り線は多少雑でもいい

内側の壁を抜いた状態。壁内の断熱材も取り外してしまう

内側の切り取り部分の角に合わせて10㎜径ロングドリルで外壁に穴をあける

穴にジグソーのブレードを差し込み、外壁を切り取っていく

窓抜きのすんだ壁面

写真のように2×4材ですき間をふさぎ、メガネ石を載せられるように加工する

市販の106㎜煙突用イソライト素材のメガネ石。厚さは100㎜。非常に軽く扱いやすいのでおすすめ。メガネ石は他にALC製、コンクリート製などがある

メガネ石の周囲をカバーするメガネ石カバー。ここではストーブメーカーのホンマ製作所製黒耐熱ステンレスメガネ石カバー（106㎜径）のセットを使用している

メガネ石に煙突を差し込んでおき、メガネ石カバーを取り付ける

薪ストーブと室内側煙突を接続する

煙突と炉壁の間隔は200㎜以上取る

屋外に配管された煙突の状態。屋根や周囲の樹木とは1m以上離れている。近いと発火の恐れがある

ガーデンハウス内に設置された炉台&炉壁と薪ストーブ。薪ストーブはホンマ製作所製の時計型薪ストーブAF-52（ホンマ製作所の問い合わせ／☎025-362-1235またはインターネットでホンマ製作所と検索すること）

自作しました! 炉台&炉壁◎ミニウオッチング

CASE 01 専門店のアドバイスで、炉壁の高さは100cm以上に

DIY by 鹿嶋徳充さん

主な資材…ブリックタイル、乱張り石、コンパネ、ヒノキ角材、L字金具
製作期間…3日
製作費用…1万5000円

炉台には厚さ1.5cm以上の乱張り石、炉壁にはあまり重量のかからないブリックタイルを使った。炉壁と壁の間のすき間は5cm。炉壁はL字金具を使って壁と固定、炉台は移動や取り外しができるように床に固定していない。また炉壁の高さは薪ストーブ店のアドバイスで100cm以上にしている。なお、炉台を受ける床下に床束金具を1本入れ、念のための補強としている。

炉台&炉壁の木枠は電気カンナで磨き、仕上げにアクリルニスを塗布した

01 補強のために、炉台と炉壁をL字金具で接合。02 たわまないように、炉壁と壁は高さ75cmのところでL字金具で留めている

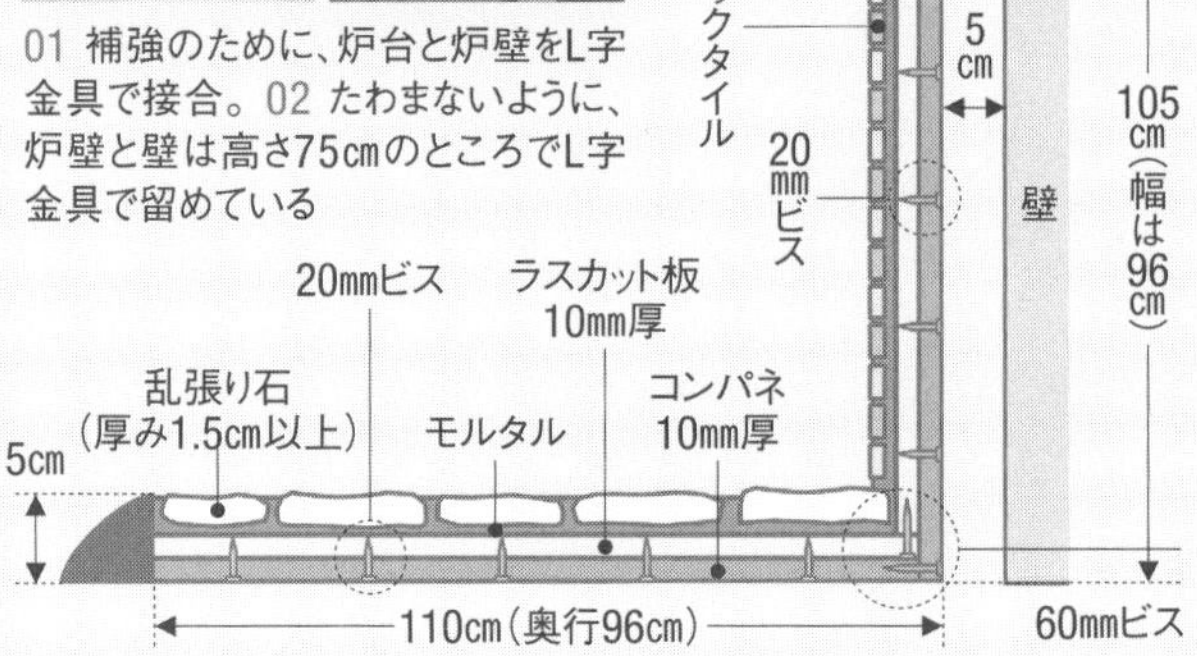

CASE 02 自作のジグで炉壁のレンガ積みが大成功

DIY by 和泉敏郎さん

主な資材…ブリックヤードレンガ、コブルコテージレンガ、ワイヤーラス、レッドシダー、コンパネ
製作期間…約10日
製作費用…約2万5000円

ストーブの脚が目地にかからないように、炉台にはレンガ1個の面積が大きいブリックヤードレンガを使用。炉壁には山小屋風の内装にフィットするコブルコテージレンガを使った。ポイントはレンガ積みのときのモルタルの量。目地を一定幅にするため、木材でジグを作って作業したのが効率よくできた要因だとか。なお、床下には約100mm角の角材が5本入っている。

炉台の木枠はレッドシダー材。炉台はコンパネを床に接着剤とビスで留めている

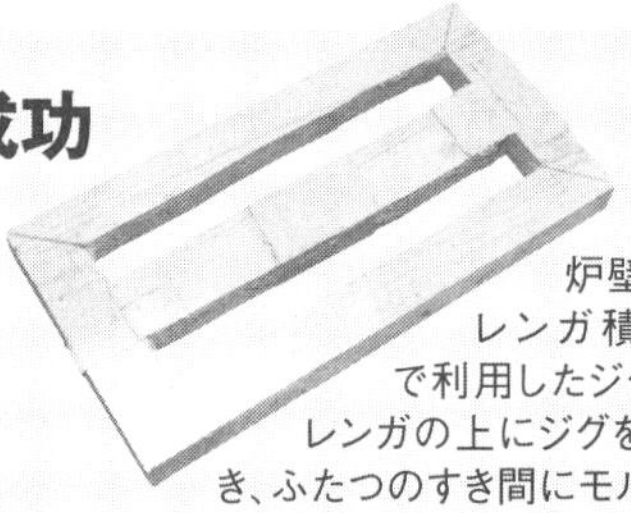

炉壁のレンガ積みで利用したジグ。レンガの上にジグを置き、ふたつのすき間にモルタルを入れ、2本の筋状に盛っていく

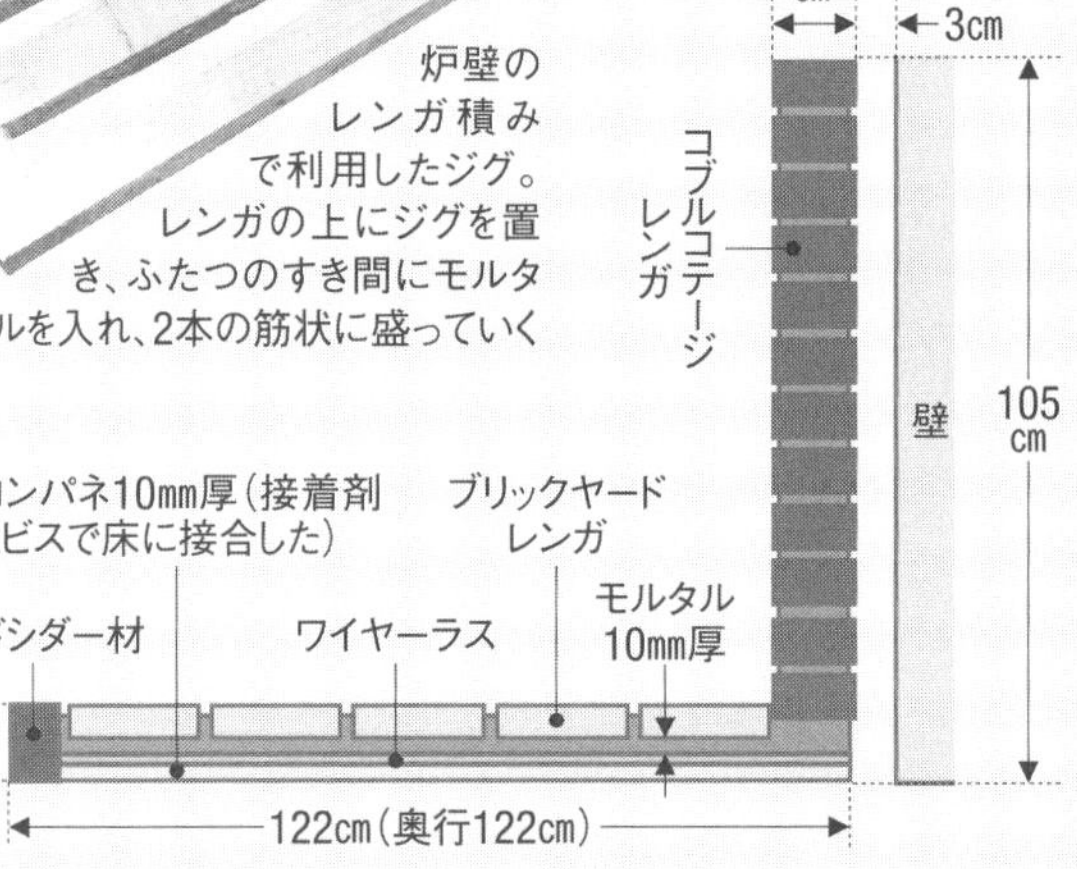

CASE 03 余り物を利用し、シンプルプランに

DIY by 赤城遊山荘メンバー(戸丸 昭さん/佐々木千春さん)

主な資材…赤レンガ、インターロッキング、鉄筋
製作期間…2日
製作費用…なし

資材はすべて余り物を使用。炉台は床を切り抜いてコンクリート敷きにして、インターロッキングを脚台として使っている。炉壁は赤レンガを積んだ。ポイントは床の切り抜き作業。寒冷地なのでひび割れ防止のため、コンクリートに鉄筋を入れ、さらに地面とコンクリートが接しないようにビニールシートを敷いた。

熱対策のため、薪ストーブ本体と炉壁が10cm離れるように設置した。ガラス戸と炉壁は20cm以上離している

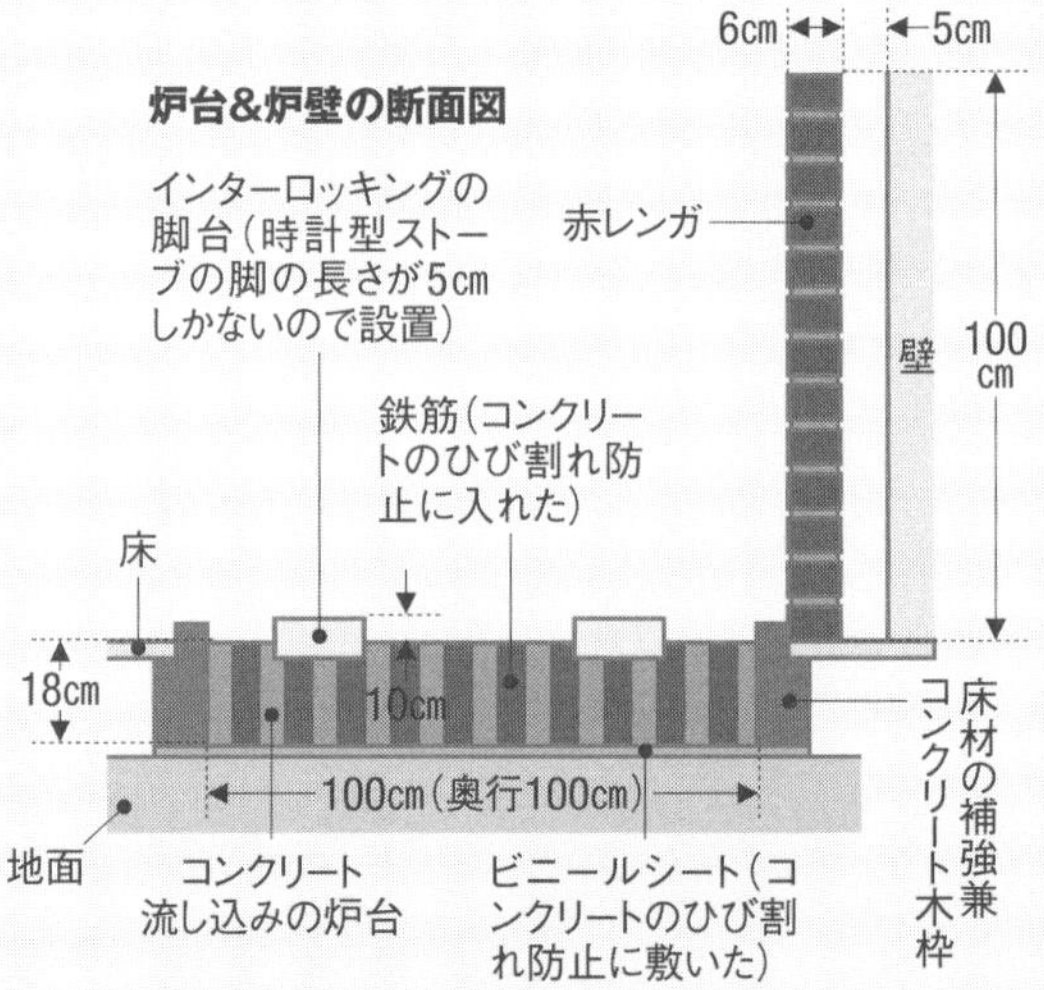

“薪ストーブを利用して
サウナ小屋を作ろう”

小さな小屋に薪ストーブを設置し、単純に暖を取るという考え方をもう一歩進め、思い切ってサウナ小屋にしてはどうだろう。

まず、小屋の内壁、床、天井をすべて、無塗装の無垢材で張り巡らせ、窓や出入り口を閉めた時の気密性をチェックすれば、準備OK。小屋の広さは大人4～5人がゆっくり楽しめる6～8㎡ほどがベスト。ここではすでに小さな薪ストーブが設置されている状態にあると思っていただきたい。

サウナ小屋作りで準備したいのは、次のアイテムだ。

●サウナストーン

薪ストーブの上に載せ、香料水をかけて蒸気を発生させる。火成岩の一種で火にかけても割れにくく、硬いのが特長。ネット通販などで入手できる。できれば10kgほど用意したい。

●鉄鍋（ダッチオーブン）

薪ストーブの上に載せ、中にサウナストーンを入れる。ダッチオーブンで代用も可。

●高温対応の温度計

摂氏150度くらいまで計れるものを用意したい。実際には摂氏60～80度くらいになる。

●木製のベンチ

人が4～5名向き合って座れるものがいい。もちろん無塗装の無垢材で作ったもの。

●香料水

水と混ぜ、サウナストーンにかけて、蒸気を発生させる。香料水をかけて発生したマイナスイオンを含む蒸気はフィンランド語で「ロウリュ」と呼ばれ、新陳代謝の促進や活性化に効果があるという。

●桶&ひしゃく

香料水を含み水を入れておく、ひしゃくでサウナストーンに散水する。

◇　◇

さて、今度は実際にサウナを楽しむ法。

サウナにはウエット式とドライ式があるが、本来は「フィンランドサウナ」とも呼ばれるウエット式。まず、薪ストーブで室内を60～70℃まで上げ、サウナストーンに水をかけ、蒸気を発生させる。

当然ながら室内の湿度は90～100％。ベンチに腰掛けていると大量に発汗するが、出たり入ったり、1回20分程度の入浴を何度も繰り返すのが普通。室内は60～70℃なので、無理のない発汗によるダイエットやリフレッシュができる。入浴中白樺の枝で体をぴたぴたと叩くと白樺のエキスによる効果で、肌の保湿効果や血行促進が高まる。かけ水に香料水や香料エッセンスを混ぜるとアロマセラピー的な効果があるという。

なお、ドライ式は、室温を100℃まで上げ、空気を加熱するだけ。湿度も0～10％で高温&乾燥状態の発汗となるので、入浴時間は短くなる。心臓疾患や高血圧の人には不向きだ。（資料提供／泉興産）

これでサウナの準備はOK!

小さなガーデンハウスに薪ストーブをセットすれば簡単にサウナ小屋が作れる

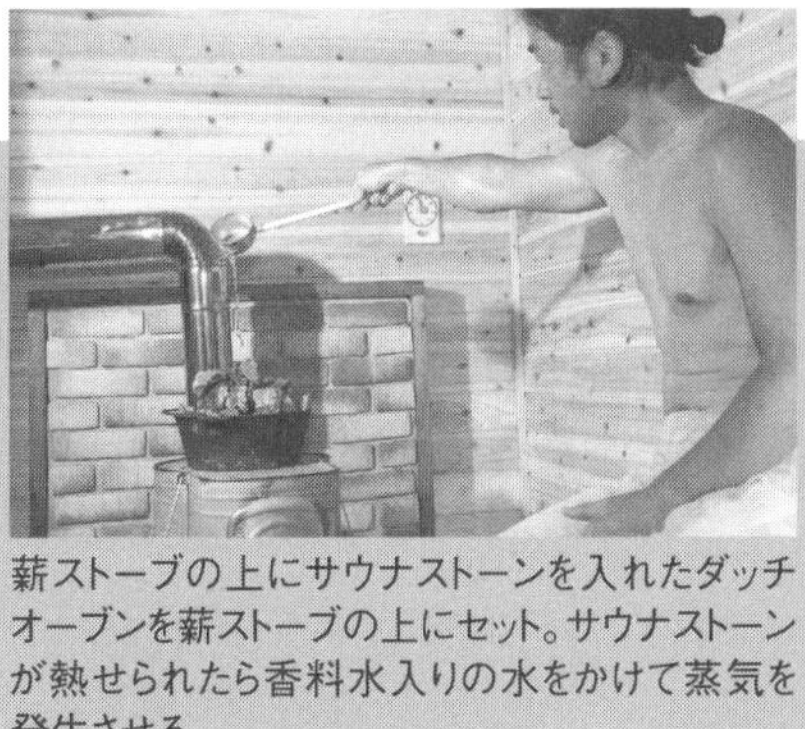
薪ストーブの上にサウナストーンを入れたダッチオーブンを薪ストーブの上にセット。サウナストーンが熱せられたら香料水入りの水をかけて蒸気を発生させる

香料水。これを水に混ぜて熱せられたサウナストーンにかけるとアロマセラピー効果のある蒸気が発生する

温度計はサウナ小屋の必需品

バーベキュー炉、囲炉裏、薪ストーブ炉台作りの
関連資材ガイド

ここでは、自宅にバーベキュー炉や囲炉裏、薪ストーブ用の炉台をDIYで作るために必要な資材を紹介。多彩なレンガやそれらを組み立てるためのモルタルの素材など、一般的に左官素材と呼ばれるマテリアルを中心に紹介。

レンガ

グレートウォール
レンガ笠木

グレートウォール
レンガ3つ穴

積み用レンガ（グレートウォールレンガ）

名前の通り頑丈なレンガ積みのできるレンガ。鉄筋を差す穴のあいたレンガと、レンガ積みの一番上に載せる穴無しの笠木レンガがある。サイズ◎W230×D110×H60㎜（笠木）、W230×D110×H75㎜（穴あき）

古びた感じのレンガ積みができるコブルコテージ

アンティークレンガ（コブルコテージ）

シックな色調がおしゃれなコブルコテージ。わざと角を削ったり加工され、アンティークな風合いとなっている積みレンガ。サイズ◎W215×D110×H67㎜

朽ち果てた古めかしさと力強さを持ったオールディッシュレンガ

アンティークレンガ（オールディッシュレンガ）

ヨーロッパの城壁を連想させる、朽ち果てた古めかしさと力強さが、クラシックな風合いをかもし出す。ラフな形状は植栽との相性もよい。サイズ◎W215×D100×H65㎜

平型レンガのカラーはホワイト、レッド、ブラウンの3色

平型レンガ

高さの低めなレンガは、低めのガーデン囲炉裏や花壇作りに使いやすい。角や側面には少しずつ削り加工がされる。サイズ◎W190×D93.5×H45㎜

普通のレンガとは違う四角柱のデザインは、アイデアしだいで新しいデザインを作ることができる

角材状レンガ

高さと幅が同じ長さの角材状のレンガ。パターンで積んでも、敷いても、普通のレンガとは違ったイメージを組み立てられる。サイズ◎W150×D60×H60㎜

かっちりと焼き締められたフランスレンガ

耐火レンガ（フランスレンガ）

焼き締めの模様がくっきりと残るフランスレンガ。耐火温度が1200℃あるレンガなので、バーベキュー炉の火床に使っても大丈夫。サイズ◎W220×D105×H54㎜

マレーシアブリック穴あき

マレーシアブリック笠木

積み用レンガ（マレーシアブリック）

笠木と穴あきのある積み用レンガ。実際にレンガ積みで住宅建築が行なわれているマレーシアの製品。カラーはピンク、イエロー、レッドの3色。サイズ◎W215×D110×H67㎜

パシフィックブリック穴あき

パシフィックブリック笠木

積み用レンガ（パシフィックブリック）

見た目がクッキーのような、かわいらしい質感のレンガ。安全なレンガ積みができるように、鉄筋を差し込む穴あきレンガと笠木レンガがある。サイズ◎230×D114×H60㎜（笠木）、W230×D114×H75㎜（穴あき）

型抜きなのでかわいらしいデザインは磨り減らず、くっきりと見える

飾りレンガ

ハート、足跡、犬が型抜きされたレンガ。半マス（基本レンガを正方形に切ったサイズ）なので、レンガ敷きのアクセントにすれば、楽しい作品ができあがる。サイズ◎W100×D100×H60㎜

ワンポイントのアクセントとして使うと作品が映える

装飾用タイル

レンガではなく装飾用のタイルだが、レンガ積みに張れば、ヨーロッパの中世風なデザインがワンポイントとして作品を引き締めてくれる。サイズ◎W150×D110×H20〜30㎜

国産赤レンガ・半マス

国産赤レンガ・半ペン

国産赤レンガ・基本形

国産赤レンガ・ヨーカン

国産赤レンガ

規格に従って作られる国産の赤レンガは、きっちり整った形が特徴。基本形のほかに縦に半分のヨーカン、横に半分の半マス、高さが半分の半ペンなど、組み合わせて使ってもきちんと組めるサイズのバリエーションがある。サイズ◎W210×D100×H60㎜（基本形）、W210×D100×H30㎜（半ペン）、W100×D100×H60㎜（半マス）、W210×D50×H60㎜（ヨーカン）

張りレンガ

かるかるブリック

美濃焼きの技術を使った窯業系張りレンガ。質感はアンティークで落ち着いたもの。インテリアからエクステリアまで使えるように、それぞれ用の接着剤、モルタルが用意されている。名前の通り水に浮くほど軽く、DIYでの作業も楽々。サイズ◎215×65×15㎜（レンガサイズ）、94×45×13㎜（ミニサイズ）

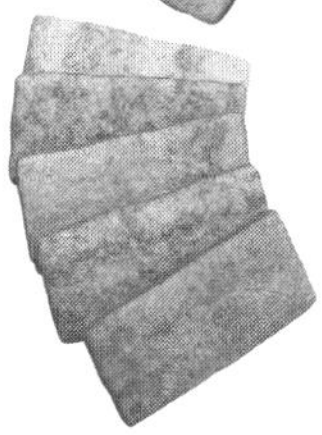

かるかるブリック。上がレンガサイズ、下がミニサイズ

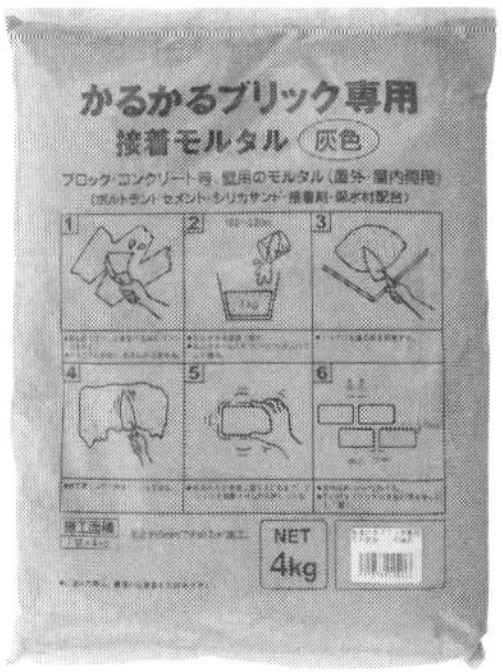

かるかるブリック専用の接着モルタル

レンガのリアルな質感を再現したグレートウォールブリック

ブラックタイル（グレートウォールブリック）

より高級な質感を再現した張りブロック。接着用の樹脂モルタルを使えば外部で使用することができる。サイズ◎W230×D110×H13㎜

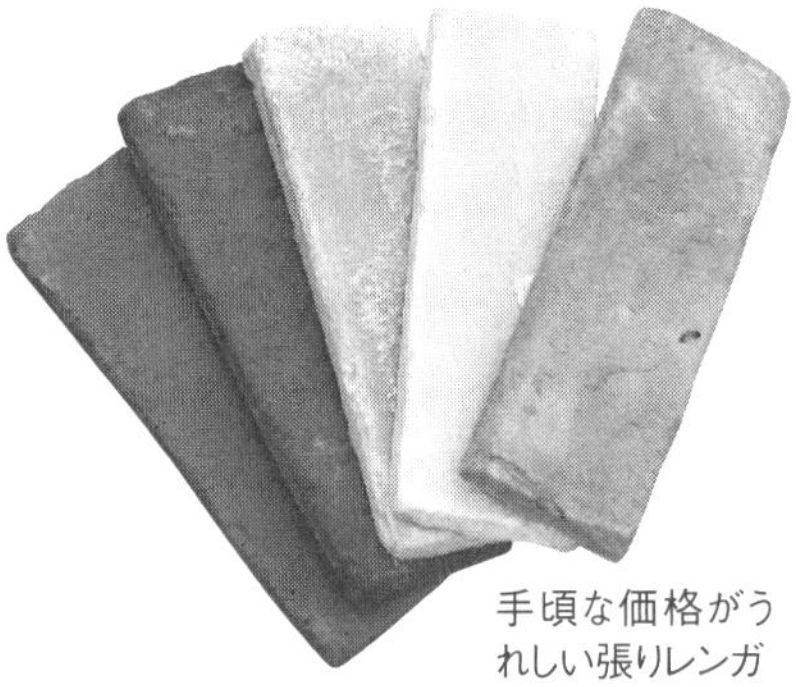

手頃な価格がうれしい張りレンガ

ブラックタイル（アートブリック）

ファイバー入りで強度を高めた張りレンガ。手頃な価格なので、気兼ねなく使うことができる。サイズ◎W200×D64×H10〜15㎜

サイズ◎W200×D100×H60㎜

コンクリート製・ブロックレンガ

形はレンガと同じだが、素材はコンクリートブロックと同じもので作られるブロックレンガ。かちっとした作りで、レンガ敷きの一部にポイント的に使ったり、アプローチの敷き材として使っても、滑りにくいアプローチを作ることができる。

耐火レンガ

JIS規格で焼かれた本格的耐火レンガ

耐火レンガSK-32

約1300℃までの熱に耐えられるJIS規格の耐火レンガ。耐火モルタルを併用して組み立てれば、しっかりとした火床を作ることができる。サイズ◎W225×D110×H60㎜

使用済みのため角が欠けたり、色もくすんでいるので、使い込んだ雰囲気を演出できる

アンティーク耐火レンガ

取り壊された炉から取り出して輸入された、使用済みの耐火レンガ。使用済みといっても、バーベキュー炉や囲炉裏の火床に敷いて使う耐熱性はある。サイズ◎W210×D110×H65㎜

その他の資材

タフ・ステンストーン。左からヨーカン、基本、ハーフ

タフ・ステンストーン

イタリア産の耐熱性のある石材。全体に気泡のような小穴があり、茶色い大谷石といった印象。大きさがあるのでファイヤースペース作りでも使いやすい。サイズ◎約W370×D200×H110㎜（基本）、約W370×D110×H110（ヨーカン）、約W200×D180×H110㎜（ハーフ）

エクステリアの作品づくりでは、いろいろな部分に使われるのが重量ブロック

重量ブロック

基礎部分に使ったり、本体まで重量ブロックで組み立て、張りレンガで仕上げるという方法もある。穴にモルタルを詰めたり、鉄筋を差し込むとより頑丈に組める。サイズ◎W390×D120×H190㎜

セメント、モルタル、砂、砂利類

袋入りの砂は保管が簡単なので使いやすい

砂

モルタル、コンクリートの基本的骨材として使われるのが砂。砂も完全に脱塩されたものや、川砂を選ぶ。塩気はモルタル、コンクリート、鉄筋を劣化させる。質量◎20kg入り

粒のそろったものを選ぶのが大切

川砂利

コンクリートの骨材として使うほか、そのまま基礎固めの材料として地面に敷いたりする。コンクリート作りの材料には塩気のない川砂利を選ぶ。質量◎20kg入り

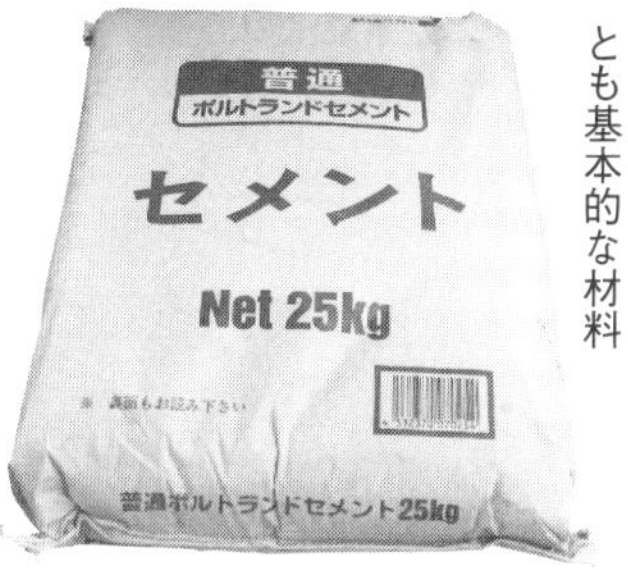

DIY左官のもっとも基本的な材料

普通ポルトランドセメント

セメントの呼び方で定着している材料。砂や砂利を混ぜて、モルタルやコンクリートを作る。質量◎25kg入り

水を混ぜるだけでコンクリートになる便利なドライコンクリート

ドライコンクリート

セメントに砂と砂利が配合済みなので、水で練ればそのままコンクリートとして使うことができる、材料を別々に購入して自分で練るより割高だが、小さな現場では便利だ。質量◎25kg入り

自分でセメントと砂を混ぜるより割高になるが、少量使うならこちらが簡単で便利

ドライモルタル

セメントと砂を空練りしてあるものがドライモルタル。トロフネやバケツにあけて、水を加えるだけでモルタルとして使うことができる。質量◎25kg入り

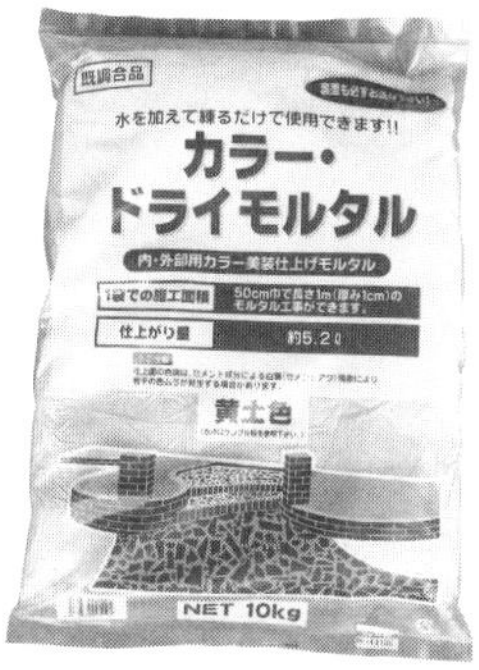

個性的なカラーリングの楽しめるドライモルタル

カラードライモルタル

モルタルは灰色が一般的だが、カラーモルタルはあらかじめ着色調整して、黄色やベージュなどに仕上がる配合済みモルタル。水を混ぜればすぐに使える。質量◎10kg入り

セメントの乾燥、硬化を遅らせる混和剤。作業に時間のかかる場合使用する

メトローズ

セメント25kgに、このメトローズを2分の1袋混ぜれば、保水性がアップ。急激な乾燥を防ぐので、セメントの乾きが早い夏季の作業で重宝する。質量◎45g入り

すぐに使いたい、小さなスペースの手っ取り早い補修には手早く便利に使えるアイテム

超速乾セメント

水を加えて練ると30分後には歩行に耐える強度まで硬化するセメント。ちょっとした補修に便利に使うことができる。質量◎1kg入り

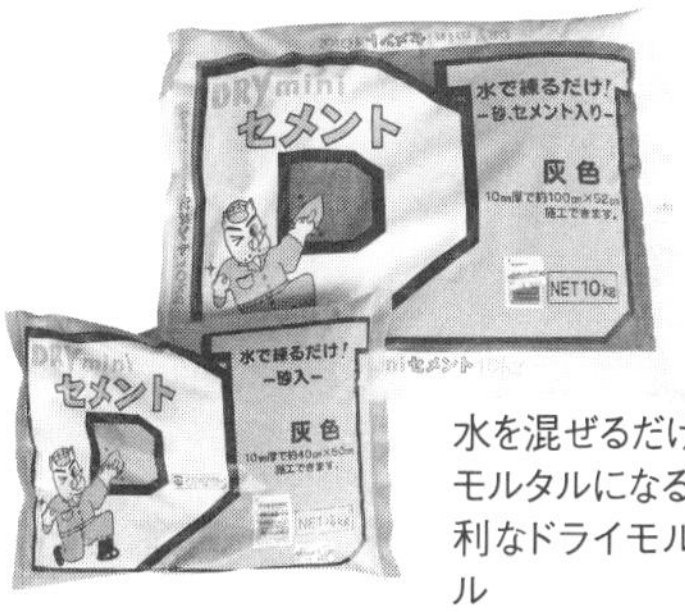

水を混ぜるだけでモルタルになる便利なドライモルタル

ドライミニモルタル

セメントと砂が配合済みの小分けされたドライモルタル。商品名はセメントになっているが内容はドライモルタル。ちょこっと使うには便利。質量◎10kg入り、4kg入り

バーベキュー炉、囲炉裏、薪ストーブ炉台作りに役立つ 使用道具ガイド

木工、左官といろいろな作業が、マルチにからまりあっているのがエクステリアの作品づくり。そこで、広い分野にまたがる工具、道具が必要になるが、どれも一度そろえてしまえば、後々まで、エクステリアの作品づくりで活躍してくれるものばかりだ。これらの工具、道具類は最寄りのホームセンター、道工具店、農具店などで購入できます。

電動工具

ドライバードリル・インパクトドライバー

右がインパクトドライバー、左がドライバードリル。両者ともに、先端にビットと呼ぶドライバー軸やドリル軸をつけてビス締めや穴あけに使う工具。口金の作り違いでインパクトドライバーは六角軸のみ、ドライバードリルでは丸軸、六角軸のビットを使う。インパクトドライバーは力がある代わりに、締める際に軸を打撃する打撃音がする。ドライバードリルはこうした音が出ないので住宅地での使用に向いている

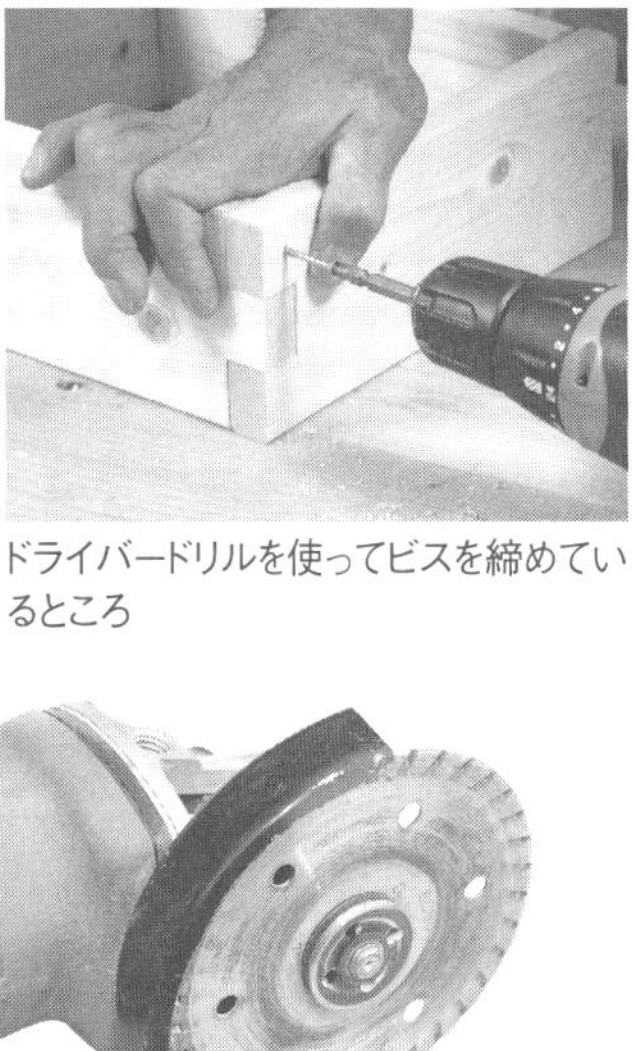

ドライバードリルを使ってビスを締めているところ

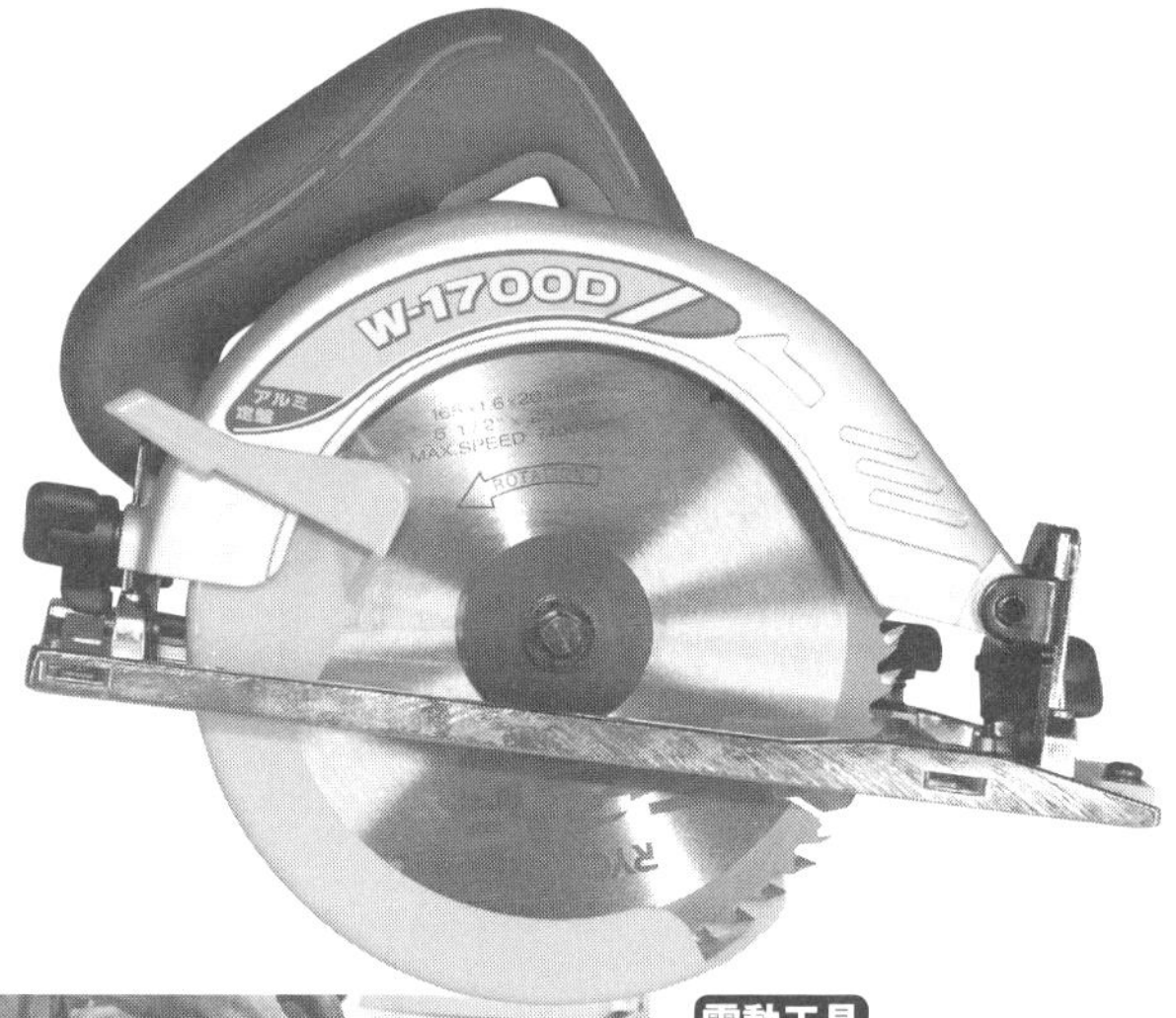

付属品の平行定規を取り付けると、長い直線もぶれなく切断することができる

電動工具

丸ノコ

チップソーと呼ばれる円形の刃をモーターで高速回転させて、材を直線に切る電動工具。DIYの切断工具のメインとなる工具。主に木材を切るために使われるが、木材以外の切断用に作られたチップソーに交換すれば、レンガや鉄板も切れる

こうしてレンガを切ることができる

電動工具

ダイヤモンドホイールを取り付けたディスクグラインダー

ダイヤモンドホイールは、レンガやタイルなどを切るための切断用ホイール。ディスクグラインダーにこれを取り付ければ、レンガ、タイル専用の切断工具となる

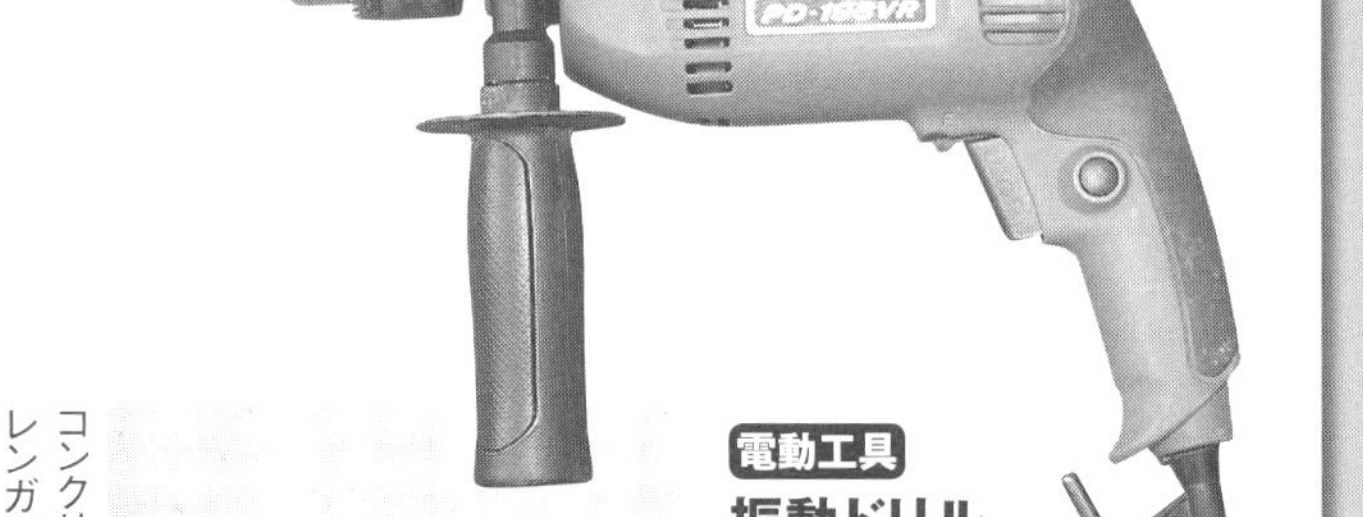

コンクリートビットを取り付けて、レンガ、ブロック、コンクリート、モルタルに穴あけすることができる

電動工具

振動ドリル

レンガやブロック、コンクリートやモルタルにアンカーなどを差し込む穴を掘るためのドリル。穴掘り作業をしながら、ビットを材に強く押し付けると、ビットが前後に振動して、回転だけでは穴あけできない硬い材に穴をあけることができる

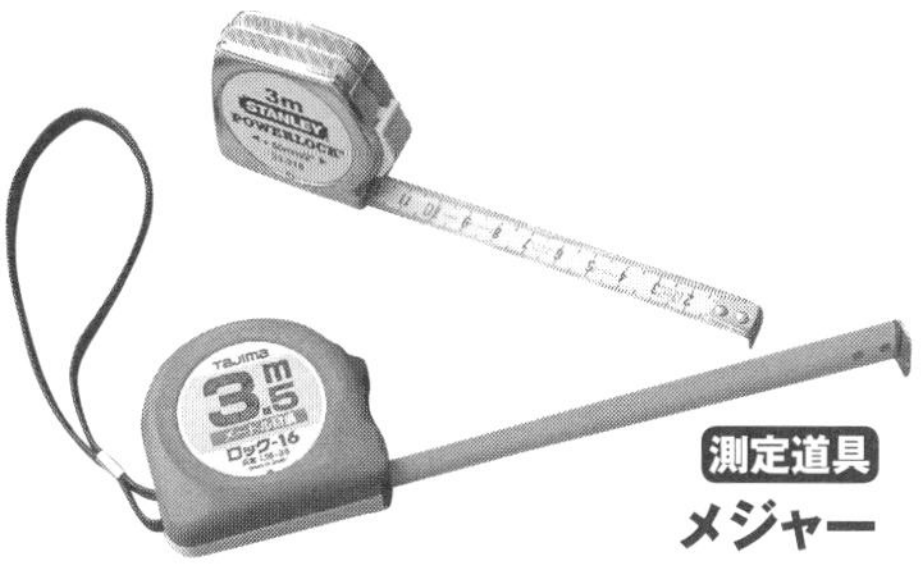

測定道具

メジャー

メジャーにはいろいろな種類があるが、エクステリアの作品づくりでは、バネで巻き込み収納されている鋼製のテープ状定規を引き出して使うタイプが使われる。テープは湾曲していてある程度の長さ引き出しても、折れ曲がらないようになっている

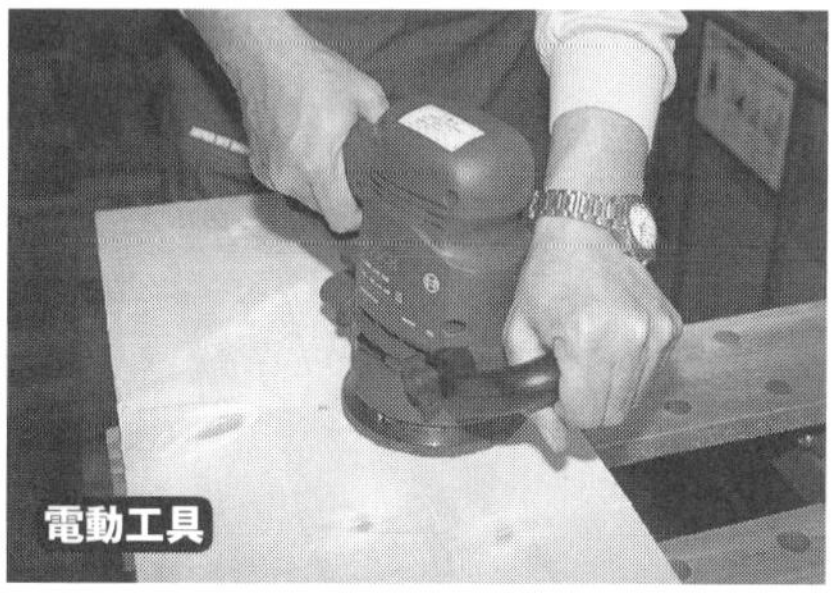

電動工具

ランダムサンダー

オービタルサンダーに研磨面全体が回転する動きをプラスした、円形の研磨面を持つサンダー。オービタルサンダーよりも研磨力が強いので、より荒れた面でも研磨できる

電動工具

オービタルサンダー

四角い研磨面を持つサンダー。比較的研磨力が穏やかなので、木工作品の仕上げ研磨に使われることが多く、仕上げサンダーと呼ばれることもある

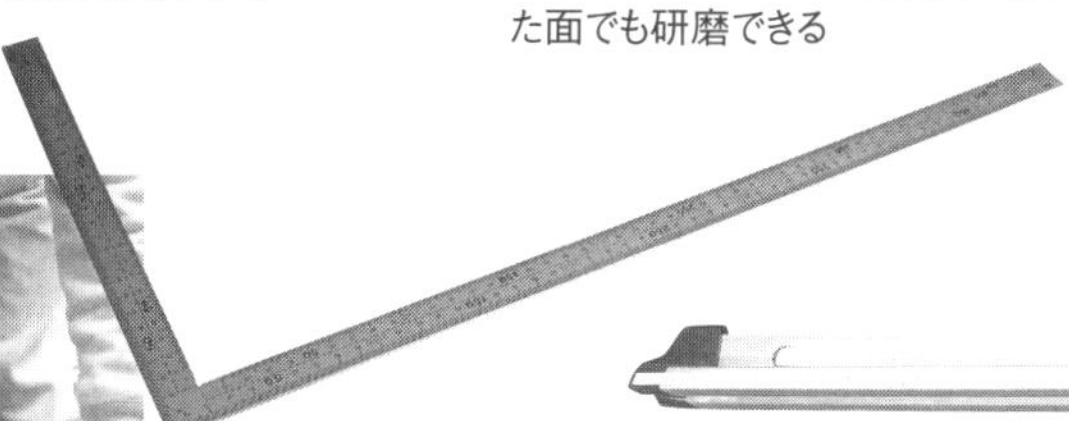

写真のように材に引っかけるようにして腕を固定し、ずれないようにして印をつける

測定道具

サシガネ

基本的に寸法と直角を測り、印を付けるための大工道具。よくしなる鋼で作られる。標準的な大きさは長手が50㎝、妻手（短い方の腕）が25㎝になるが、もっと短く作られたものもある

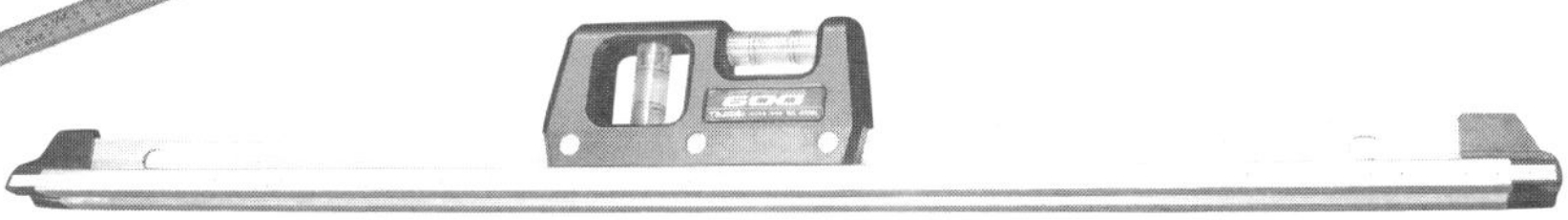

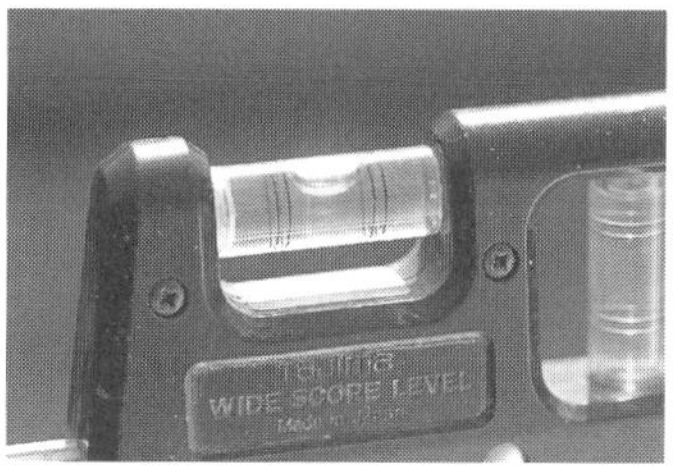

気泡管の例。管内の気泡の位置で水平や傾きを確認する

測定道具

水平器

測定対象の面が水平になっているか確認する道具。精度の高い金属性の本体に、気泡管と呼ぶ色つきの水が入る気泡の閉じ込められた、透明な管が固定され、この気泡の位置で水平を確認する

土工具

タンパー（手作り）

基本的には、ならした地面を突き固める基礎整地のための道具。写真は手作りしたもので、重さをかせぐために枕木を使い、腕には垂木を使っている

土工具

タンパー（市販品）

重い鉄の板に一本の棒が取り付けられている。枕木を使った手作りより一度に若干広い範囲を突き固めることができる

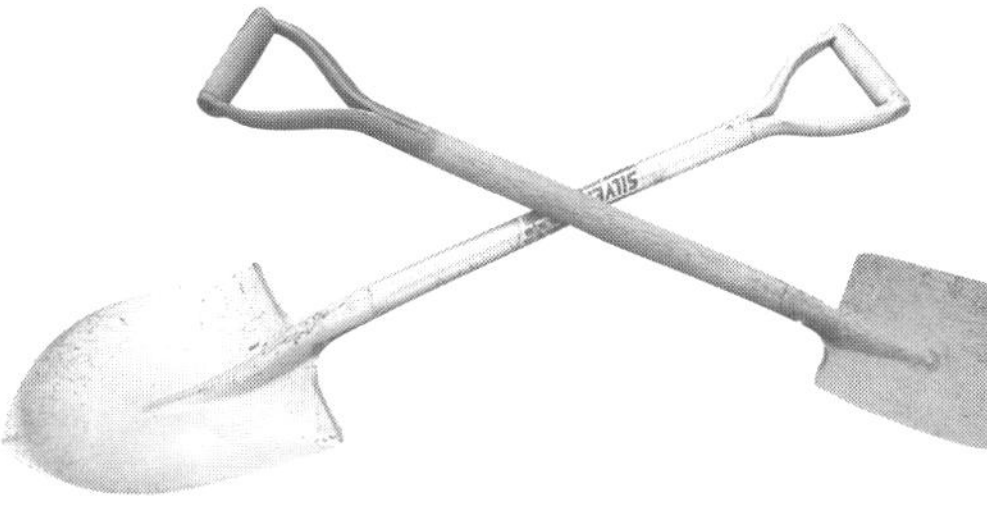

土工具

スコップ

おなじみの土掘りの道具。スコップは写真のような、先の尖った剣先タイプと呼ばれるものが土掘り用。大きさ自体いろいろあるが、迷った時は一番スタンダードなものを選ぶのが無難

土工具

ならし板

名前のとおり地面を均すために使う板。板材の端材を利用すればいい。1×4材が使いやすい

土工具

バール

本来クギ抜きだが、写真のような柄の長めのタイプは、石材の位置調整や土決めに使いやすい

［巻末資料❷］
バーベキュー炉、囲炉裏、薪ストーブ炉台作りの使用道具ガイド

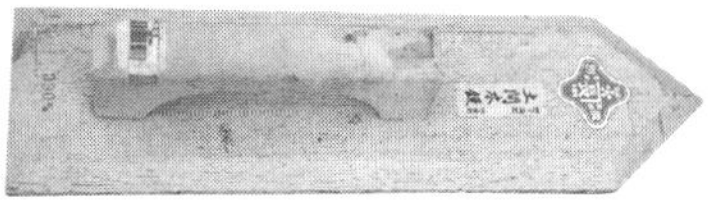

左官道具
土間ゴテ
長さ30㎝程度の長いコテ。木製と樹脂製がある。基礎のモルタルや地面を均したり、さばいたりするコテ

左官道具
コテ板
モルタルやしっくいをこの上に盛って、コテですくうための板。写真は樹脂製だが、木製、ステンレス製もある。板の裏に持ち手をつければいいので、自分で使いやすいコテ板を作ってもいい

左官道具
スポンジ
仕上げの段階で、レンガやタイルに付着したセメントやモルタルを拭き取るために使う道具。スポンジは濡らし、セメントやモルタルが乾く前に拭き取る

左官道具
ブロックゴテ
ブロックを積む時にモルタルをブロックに載せるコテ。大中小があるが、DIYでは中が使いやすい。ブロックと名が付いているが、レンガ積みでも必需品となる

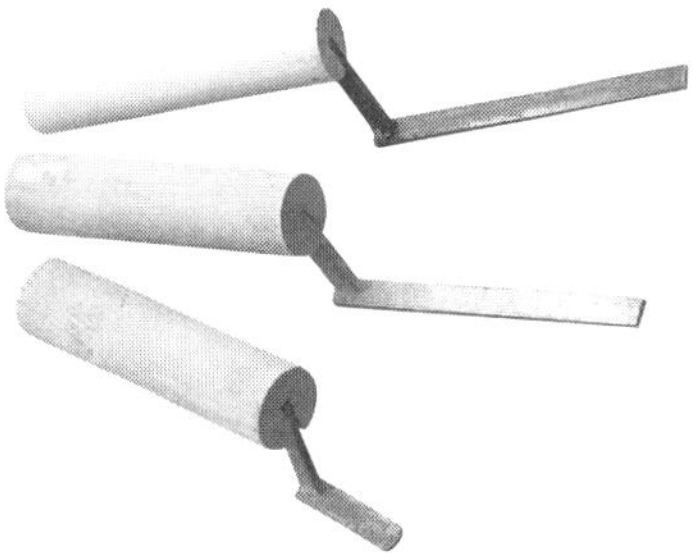

左官道具
目地ゴテ
レンガ積みや、目地のあるレンガ敷きで目地を均し、きれいに調整するためのコテ。調整する目地幅にあわせて6㎜、9㎜、12㎜などの刃幅のバリエーションがある

左官道具
練りグワ
トロフネの中でモルタルなどを練るためのクワ。いろいろサイズがあるが、自分の使うトロフネの中で取り回しやすいモデルを選ぶ

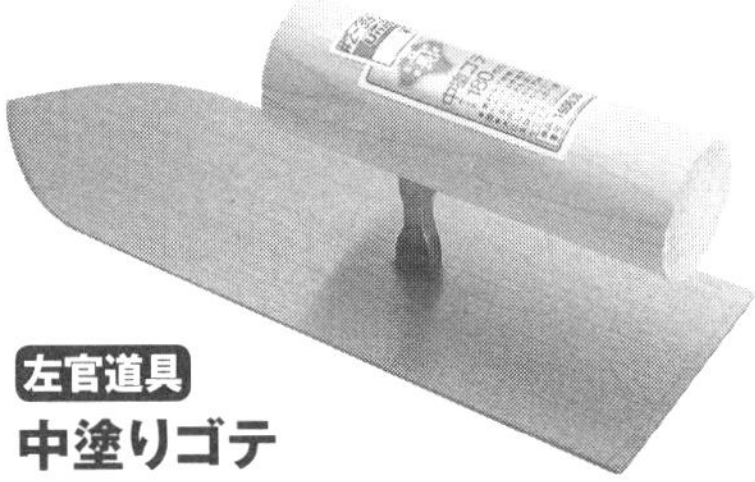

左官道具
中塗りゴテ
少し腰のある鋼材で作られたコテ。DIYでは、本職用の仕上げゴテはデリケートすぎて使いこなせないので、この中塗りゴテが塗りの仕上げで使われる。コテ刃の真ん中から取っ手が立つのが特徴

左官道具
トロフネ
モルタルやコンクリートを練るための樹脂製の箱。容量で25ℓから50ℓ、100ℓなどいろいろな大きさがあるが、ひとりで作業するなら50ℓ程度のトロフネで十分。使用後はよく水洗いして、モルタルや砂などを流しておく

左官道具
左官ブラシ
ウマ毛を使った頑丈なブラシ。目地を均したり、砂を払ったり、道具洗いに使ったりと、いろいろ活躍してくれる。大きめのものを選ぶと使いやすい

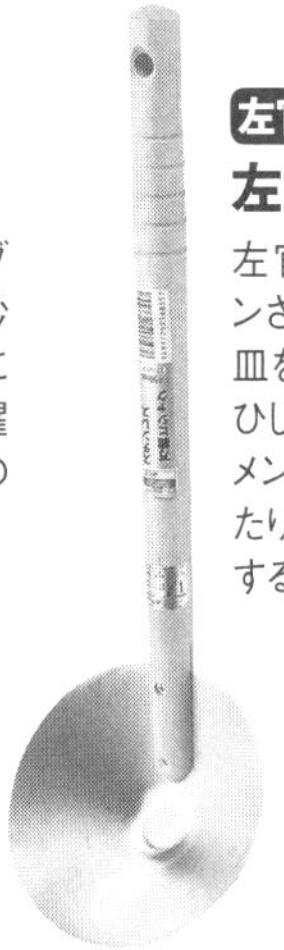

左官道具
左官ひしゃく
左官作業用にデザインされたステンレスの皿を持った、柄の長いひしゃく。薄く溶いたセメントやしっくいを流したり、底で面をなでたりするのに使いやすい

石工道具
レンガタガネ
刃の部分が幅広くなり、レンガの幅になっているタガネ。レンガを割るときはダイヤモンドホイールをつけたディスクグラインダーで切った溝に、このタガネを当て、石頭ハンマーで叩いて割る

レンガタガネを使ってレンガを割る例

補助用品
ほうき
目の詰まった、腰のあるほうき。左官作業の最後の仕上げで砂を目地に落としたり、掃除するときの必需品

左官道具
左官バケツ
柔軟性のある樹脂で作られた丈夫なバケツ。水をくむほかに、この中でモルタルを練ることもできる。小さな作品用にモルタルを練るなら、トロフネは必要ないだろう

左官道具
ゴムハンマー
頭がゴム製のハンマー。並べたレンガの面をそろえたり、高さの調節をするために使う。鋼の頭では材を割ったり傷つける可能性のあるものを叩くのに使う。プラスチックハンマーや、木づちでも代用できる

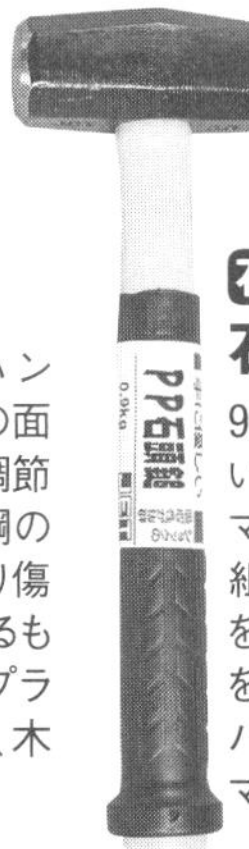

石工道具
石頭ハンマー
900g、1kgといった重い頭を持ったハンマー。レンガタガネと組み合わせてレンガを割ったり、単独で石を割ったりする。石工ハンマー、セットハンマーなどとも呼ばれる

DIY SERIES
ドゥーパ! 特別編集

バーベキュー炉・囲炉裏・薪ストーブの作り方

2012年3月15日　第1刷発行
2023年9月24日　第9刷発行

発行人／松井謙介
編集人／長崎 有

発行所／株式会社　ワン・パブリッシング
〒110-0005 東京都台東区上野3-24-6
印刷所／共同印刷株式会社

●この本に関する各種お問い合わせ先
内容等のお問い合わせは、下記サイトのお問い合わせフォームよりお願いします。
https://one-publishing.co.jp/contact/

不良品（落丁、乱丁）については業務センター　Tel 0570-092555
〒354-0045 埼玉県入間郡三芳町上富279-1

在庫・注文については書店専用受注センター Tel 0570-000346

ワン・パブリッシングの書籍・雑誌についての新刊情報・詳細情報は、下記をご覧ください。
https://one-publishing.co.jp/

※本書は2012年3月に学研プラスから刊行されたものです。
※本書に掲載のデータ、価格などは2012年3月現在のものです。

STAFF
EDITORS 脇野修平、小宮幸治、豊田大作、宮原千晶、設楽敦／以上、株式会社キャンプ
松下郁美
ART DIRECTION & DESIGN DOMON MINDS（髙島直人）
PHOTOGRAPHERS 佐藤弘樹、冨士井明史、清水良太郎、高島宏幸、伊勢和人、小山修司、長野浩之、菊池一仁、松尾啓司、松村映三
ILLUSTRATORS 丸山孝広、山本勇、ドゥーパ!編集部
CONTRIBUTORS 甲斐文子、能登山 修